国語を教える ときに役立つ基礎知識 88

山田敏弘

くろしお出版

はじめに

国語教育を取り巻く環境は、日々刻々と変化しています。

平成29（2017）年度に改訂された『小学校学習指導要領』及び『同 解説』では、外国語学習が重みを増しましたが、これはよそごとではありません。外国語を通して日本語を客観的に捉える姿勢が国語教育にも求められているのです。また、平成19（2007）年には新しい時代の敬語の指針が示され、平成22（2010）年には「常用漢字表」が改訂されました。これらを適切に理解し教育現場に還元することが、国語を専門とする教師ならずとも、広く求められています。

ところが、意外なほどに、現場の先生方に、このような情報が届いていません。日々の多忙さに追われて、様々な改訂に目を通すことが困難なのです。自分は大丈夫。そう思う人も、少しチェックをしてみましょう。正しいと思うものに、✓を付けてみてください。

☐ 日本語の標準語は、東京の言葉である。
☐ 「木」の２画目をはねてはいけない。
☐ 「十本」は、「ジッポン」と読むのが正しい読みである。
☐ 主語は、「何は」か「何が」で示される文節である。
☐ 「植木に水をあげる」は、誤った日本語である。

いかがですか。この中に、ひとつでもチェックが付いた人は、思い違いがあります。2020年現在では、すべて間違いなのです。中には、つい最近まで正しかったものもありますし、小学校では便法が講じられることもあるでしょう。しかし、言い訳はけっこうです。やはり、最新の知識を身に付けておかなければなりません。

本書では、このように現場で教える際に必要となる最新の知識を88取り上げて、下記の出典などから根拠を示しながら簡潔に解説しています。

内閣告示第一号「現代仮名遣い」　昭和61（1986）年
文化審議会答申「敬語の指針」　平成19（2007）年
文化審議会答申「常用漢字表」　平成22（2010）年

小学校学習指導要領及び同解説　平成29（2017）年　文部科学省
中学校学習指導要領及び同解説　平成29（2017）年　文部科学省
国語審議会報告「国語問題要領」昭和25（1950）年　文化庁
内閣告示「ローマ字のつづり方」昭和29（1954）年
「くぎり符号の使ひ方（句読法）（案）」昭和21（1946）年　文部省

この他にも、日本語にまつわる様々な研究の最新成果からの情報も含めて、小中学校で教える国語の基本事項を、根拠とともにもう一度確認し、思い違いをしていた箇所は学び直していただけるように工夫もしました。もちろん、この本に書いてあることが常識であるという先生には手に取っていただく必要はありません。この本に書いてあることなど当たり前であって、こんな本は世の中に不要であるということが望ましいのですが、身近で採ったアンケートからは、意外に思い違いをしたまま教えている先生は多いという結果も得られています。

教員免許状を取得した何十年も前の知識のまま、未来を生きる子供たちを教えていくことはできません。教員免許状更新講習などはもちろん、不断に確認し、教育に生かせるよう準備しておくことが大切です。ちょっとした空き時間に本書で自分の知識をチェックして、正しい知識で子供たちを教えてくださることを祈ります。

令和２年10月

山田敏弘

目　次

はじめに　1
本書の使い方　7

一般
1 国語科は、日本語を教える教科ですか。 …… 8
2 「日本（語）」は、「にっぽん（ご）」が正式な呼び方ですか。 …… 10
3 日本語に「標準語」はありますか。 …… 12
4 漢字を使う日本語は、中国語と同じ系統の言語ですか。 …… 14
5 卑弥呼も日本語を使っていましたか。 …… 16
6 若者言葉は、すべて、悪い言葉ですか。 …… 18
7 言葉遊びは、平安時代のような昔からありましたか。 …… 20
8 日本語は特殊な言語ですか。 …… 22
9 日本語は、国際的な言語になれますか。 …… 24
10 国語学や国文学の知識があれば、国語を適切に教えられますか。 …… 26

語彙・意味
11 「道」と「道路」、「あす」と「みょうにち」は、同じ意味ですか。 …… 28
12 「暑い」の対義語は、「寒い」だけですか。 …… 30
13 「～人」、「～つ」、「～体」など、助数詞を使い分ける必要はありますか。 32
14 「割合が多い」は間違いですか。 …… 34
15 幼児に対して大人が幼児語を使ったり、幼児自身が幼児語を使ったりしてはいけませんか。 …… 36
16 読書をすれば、自然と語彙力は上がりますか。 …… 38
17 様々な辞書に書いてある意味は、すべて同じですか。 …… 40
18 形容詞と形容動詞とでは、形容詞の方が数が多いですか。 …… 42
19 慣用句や故事成語は、多用した方がいいですか。 …… 44
20 「ワンタン」は、外来語ですか。 …… 46

発音

21 日本語の「ウ」の発音は、英語と同じく唇を丸めますか。 48

22 ガ行音を鼻にかけて発音する鼻濁音は、使った方がいいですか。 50

23 「じしん」と「かじ」の「じ」の発音は、同じですか。 52

24 「橋」と「箸」は、イントネーションが違いますか。 54

25 「アマイ」を「アマイ」と読むのは間違いですか。 56

26 どんな文も、最後まではっきり発音する方がいいですか。 58

27 実際に、「。」は２拍、「、」は１拍空けて発音していますか。 60

28 日本語は、英語よりも発音の周波数が全般的に低いですか。 62

29 音読は、国語の勉強に役立ちますか。 64

30 「満員」を「マーイン」と発音してもいいですか。 66

文字・表記

31 助詞の「を」「は」「へ」を、「お」「わ」「え」と書いてもいいですか。 .. 68

32 「稲妻」に振り仮名を打つ際には、「いなづま」と書いてもよいですか。 70

33 「当用漢字」は、今でも使われていますか。 72

34 漢字を覚えるために、毎日何時間もかけてもいいのでしょうか。 74

35 「木」は、２画目をはねてはいけないのですか。 76

36 「録画をする」という意味の「録る」は、正しい書き方ですか。 78

37 「捕らえる」を、「捉える」と同じ送り仮名で「捕える」と書いても
いいですか。 80

38 「王」の振り仮名は「おう」ですが、読みも「オウ」ですか。 82

39 「十本」は「ジッポン」だけが正しい読みですか。 84

40 「図工で本棚を作成した」は、正しい漢字を使っていますか。 86

41 正しい筆順は、決められていますか。 88

42 昔は、漢字にも濁点を打ったと聞きましたが、本当ですか。 90

43 五十音図は、明治時代にできたものですか。 92

44 擬音語は片仮名、擬態語は平仮名で書くのが正しいですか。 94

45 「ベネチア」と書くのは間違いで、「ヴェネツィア」が正しいですか。 96

46 「きゃ」や「ヴァ」は、拗音ですか。 98

47 昔の日本では、横書きも右から書きましたか。 100
48 「金城つよし」をローマ字で Tsuyoshi Kinjyo と書いていいですか。 ... 102
49 読点を打つ場所は、決まっていますか。 104
50 日本語で「？」を使うのは、許されていますか。 106

文法

51 日本語に主語はありますか。 108
52 日本語には、決まった語順がありませんか。 110
53 「書かせられた」は間違いで、正しくは「書かされた」ですか。 112
54 推量と推定は、同じものですか。 114
55 「常温では固まりづらいゼリー」は、正しい表現ですか。 116
56 「元気がいい」の「元気」は、名詞ですか。 118
57 「おめでとうございました」は、間違った日本語ですか。 120
58 日本語に複数形はありませんか。 122
59 「漁師になるんだ」の「んだ（のだ）」は、強い意志を表す表現ですか。 124
60 「学校まで歩く」の「まで」は、格助詞ですか。 126

文章・談話

61 過去を述べる文章では、「た」を使わないと文法的に間違いですか。.... 128
62 日本語では、頻繁に、主語のない文を使いますか。 130
63 「日が出て暑くなった。」は、「日が出た。暑くなった。」と同じですか。 132
64 インタビューは、児童生徒から町の人に質問し、答えてもらうだけでいいでしょうか。 134
65 集めた情報を、起承転結で発表するのは、有効ですか。 136
66 １段落が 10 行や 20 行になってもいいですか。 138
67 接続詞は、すべての文と文の間に置く方がいいですか。 140
68 上手に ICT 機器を使用すればわかりやすい発表ができますか。 142
69 「話すこと・聞くこと」の練習は、皆の前で話させることで十分ですか。144
70 話すとき、「あのう」や「ええと」などを使ってはいけませんか。 146

敬語・待遇表現

71 敬語は、日本語だけにありますか。 ……… 148

72 小学生でも、すべての敬語を使いこなすことが必要ですか。 ……… 150

73 「寒いです」には違和感を覚えますが、この表現は間違いですか。 ……… 152

74 謙譲語は、すべて話し手を低めて相手を立てる敬語ですか。 ……… 154

75 「植木に水をあげる」は、正しい使い方ですか。 ……… 156

76 「お送りさせていただきます」は、正しい敬語ですか。 ……… 158

77 「コーヒーになります」などの耳慣れない敬語は、誤った使い方ですか。 160

78 会議で先輩に対して「あなた」を使うのは、失礼ですか。 ……… 162

79 敬語を学びさえすれば、他者に対して適切に対応することはできますか。 164

80 生徒からタメロで話されたら、すべて注意すべきでしょうか。 ……… 166

方言・外国語

81 方言は、東京の言葉がなまったものですか。 ……… 168

82 沖縄の言葉やアイヌ語は、日本語の方言ですか。 ……… 170

83 国語教育では、方言を使ってはいけませんか。 ……… 172

84 若い人は、もう方言を使っていませんか。 ……… 174

85 外国にも、方言はありますか。 ……… 176

86 外国出身の子供には、母語を忘れさせて日本語だけを使わせますか。 ……… 178

87 JSL 児は、友達と話せれば、もう、日本語指導は必要ないですか。 ……… 180

88 義務教育は、日本人の子供だけのためにありますか。 ……… 182

おわりに　184

索引　185

本書の使い方

- ☞ 全部で８つのセクションに分け、それぞれ10ないしは20項目の基本的な事項をQ&Aの形で示してあります（最後のセクションのみ８項目です）。
- ☞ 基本的にどこからお読みいただいてもけっこうですが、複数の項目が関連しているところもあります。たとえば、《⇨ **5**》（項目５を参照せよ）と示してありますので、ご参照ください。
- ☞ 項目は、Q&A形式で示しましたが、中には単純にYes/Noで答えられない項目もあります。１つの考え方を示したものとご理解ください。
- ☞ 項目末尾には、岐阜大学で行った2018・2019年度教員免許状更新講習で採った現職国語教師76名を対象としたアンケートの回答割合を示しました。どのような考えの国語教師が多いかの参考になさっていただくとよいでしょう（**68**及び**84**は、アンケート回収後に項目を変更したため、回答はありません）。回答の中には「？」としたものや空欄であったものもありましたので、YesとNoの回答を足しても100%とはなりません。
- ☞ 年号は、書名等を除き、原則として、和暦と西暦を併記して示しました。ただし、外国の情報や項目末の参照情報は、西暦のみとしました。
- ☞ 読点は、引用文も含めて、すべて「、」で統一しました。
- ☞ 本文中の**太字**は、巻末の索引に採り上げている用語です。
- ☞ 本文中に注記番号がある部分については、その部分をより深く知っていただくために参照となる書籍及びサイト名を挙げました。より深く知りたい方は、そちらを参照していただくことをお勧めいたします。Webサイトは、2020年９月現在のものです。

国語科は、日本語を教える教科ですか。

国語科は、日本語で正確に理解し、適切に表現する資質・能力を育成する教科です。

戦後日本の学校教育を方向付けたのは、昭和22（1947）年の学校教育法です。その「第二章　小学校」の第十八条四に、「日常生活に必要な国語を、正しく理解し、使用する能力を養うこと」と書かれています。学校教育法は、何度か改定され、平成28（2016）年版では、「読書に親しませ、生活に必要な国語を正しく理解し、使用する基礎的な能力を養うこと（第二章「義務教育」第二十一条五）」と謳っていますが、一貫して「**国語**」を用いています。

さて、ここで言う「国語」は、教科としての国語でしょうか。いえいえ、むしろ、「国語」は「**日本語**」の別称なのです。「国語」を辞書で引けば、「①その国において公的なものとされている言語。その国の公用語。自国の言語。②日本語の別称。」（『広辞苑［第七版］』）と書いてあります。しかし現在では、上記条文の「国語」は、すべて「日本語」と言った方が、一般的に理解されやすいでしょう。学校教育における国語という教科は、日本語を教える教科と言ってもよいのです。

では、「国語」と「日本語」は、日常まったく同じ意味で使われているのでしょうか。「きょう、学校で日本語を勉強した」と言えば、ふつう外国語を母語とする人の話です。また、外国人に対し、「あの人には、国語が通じない」のように「国語」を使うことも、一般にはありません。英語、フランス語、中国語などと比較する場合には、「日本語」を使うのです。一方、「国語」はどう使われているでしょうか。今日、「国語」は、一般的に、母語話者に対して母語を洗練する教育を行う際の教科名に限定して用いられます。学校教育法や、それに基づく『学習指導要領』の「国語」は、一般に使われる意味と違っているので、要注意です。

このように、外に対して「日本語」、内に対して「国語」と使うのは、日本と韓国など少数の国における使い分けであって、イギリスやフランスには、

“national language” や “langue nationale” という教科はありません。常に相対的な言語名である “English” や “français” があるのみです。

さて、これからの時代、どのような言語力を育んでいったらよいのでしょうか。「国語力」でしょうか、「日本語力」でしょうか。

平成 16（2004）年の文化審議会答申「これからの時代に求められる国語力」では、外国人や異なる世代との意思疎通や、情報機器を介しての間接的な意思疎通に対応する力を求めています。これらは、外国人との意思疎通を取り上げることからも、現代の一般的理解では「これからの時代に求められる日本語力」とも呼べるものです。

一方で、次のようにも述べています。

> …近年の日本社会に見られる人心などの荒廃が、人間として持つべき感性・情緒を理解する力、すなわち、情緒力の欠如に起因する部分が大きいと考えられることも問題である。情緒力とは、ここでは、例えば、他人の痛みを自分の痛みとして感じる心、美的感性、もののあわれ、懐かしさ、家族愛、郷土愛、日本の文化・伝統・自然を愛する祖国愛、名誉や恥といった社会的・文化的な価値にかかわる感性・情緒を自らのものとして受け止め、理解できる力である。この力は自然に身に付くものではなく、主に国語教育を通して体得されるものである[1]。

キーワードとなっている「情緒力」が日本文化の礎とされている点で、ここで求められている力は、単なる日本語の運用能力以上の言語力であると考えられます。この引用にある抽象的な語彙に対する捉え方は様々ですが、国語教育には、多様な人々に対応できる論理的な言語力である「日本語力」と、母語を通して涵養される情緒力を含む「国語力」、両者の均衡ある教育が求められています。

[1] 文化審議会答申「これからの時代に求められる国語力について」
http://www.mext.go.jp/b_menu/shingi/bunka/toushin/04020301/003.htm

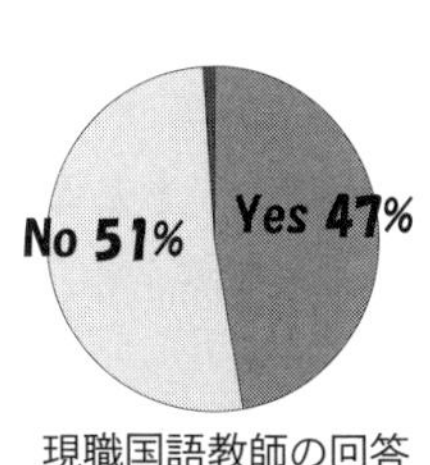

現職国語教師の回答

一般

一般

「日本（語）」は、「にっぽん（ご）」が正式な呼び方ですか。

国号の呼称に関する正式な決まりはありません。

『日本国語大辞典［第二版］』に次のような記述があります。

> にほん【日本】（略）東方すなわち日の出るところの意から「日本」と記して「やまと」と読ませ、大化改新の頃、正式の国号として定められたものと考えられるが、以降、しだいに「ニホン」「ニッポン」と音読するようになった。（略）その読み方については国家的統一はなく、対外的に多く「ニッポン」を用いる以外は、「ニホン」「ニッポン」が厳密に使い分けられることなく併用されている。

漢字音から考えれば、いずれも、大化の改新頃入ってきた漢字音である上古音「niet（日）」「puən（本）」（『学研漢和大字典』より）から、「日本」は、後に「ニ（ッ）ポン」に近い音で呼ばれたと考えられます。これが、一般に「ニッポン」の方が伝統的であり正式であると考えられている理由と言えます。

一方、ハ行音の変化《⇨ **5**》から考えれば、「ニ（ッ）ポン」は「ニフォン」を経て「ニホン」になったと考えられます。事実、16 世紀から 17 世紀にかけて来日したキリスト教宣教師が記したキリシタン資料には、'nifon' という表記も見られます。「ニホン」も十分な歴史をもっているということですが、「ニッポン」が正式であると感じられるのは、より歴史があるためと考えられます。

現代でも、公式にどちらが正しいと決められた法律はありませんが、どちらを使うか決まっているものもあります。「日本銀行」や「日本放送協会」などは、「ニッポン」を正式名称としています。一方の「ニホン」も、「日本アルプス」や「日本医師会」など、多く用いられています。「日本教職員組合」も「ニホンキョーショクインクミアイ」です。おもしろいところでは、「日本医科大学」は、日本語では「ニホンイカダイガク」ですが、英語名は 'Nippon Medical School'

となっています。外国語話者の中には、'Nihon'のhの音を発音しにくいと感じる人がいることも関係あるでしょう。

これらは、結局のところ、どちらで読むかが、法律で定められていないから生じた現象ということができます。平成21（2009）年の国会答弁で、時の内閣総理大臣麻生太郎氏は、「『にっぽん』又は『にほん』という読み方については、いずれも広く通用しており、どちらか一方に統一する必要はないと考えている」と答弁しています[1]ので、これが、今のところの政府の公式見解です。

さて、言語名となるとどうでしょうか。「日本語」は、「ニッポンゴ」か「ニホンゴ」のどちらでしょうか。漢字で「日本語」と書いたもっとも初期の例のひとつは、平安時代に天台宗の僧成尋（じょうじん）が著したとされる中国大陸旅行記『参天台五台山記（さんてんだいごだいさんき）』という書物に見られるそうですが、原文は漢文で書かれており、当時、何と読んだかまではわかりません。明治時代には、「日本語」と書いて「ニッポンゴ」と振り仮名が振ってある書物（仮名垣魯文（かながきろぶん）・総生寛（ふそうかん）著『西洋道中膝栗毛（ひざくりげ）十三編 下』1870-1876）などもありますが、現代ではむしろ少数派で、多くの辞書は「にほんご」として立項しています。ただ、現代において、「ニホンゴ」が一般的に使われている読みであるとはいえ、言語名としても、「ニッポンゴ」と「ニホンゴ」のどちらが正式であるということはないのです。

[1] 衆議院「答弁本文情報　答弁第五七〇号」http://www.shugiin.go.jp/internet/itdb_shitsumon.nsf/html/shitsumon/b171570.htm

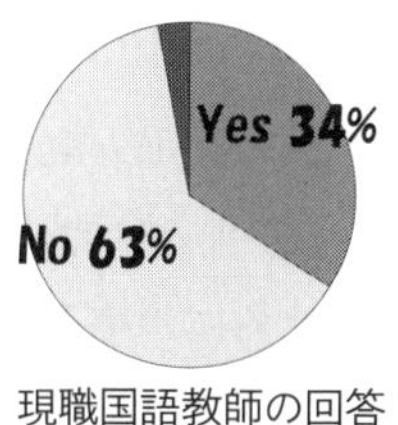

現職国語教師の回答

3
一般

日本語に「標準語」はありますか。

「標準」と公に定められた言葉はありません。

「標準語」という語は、明治23（1890）年、画家の岡倉天心の弟で英語学者の岡倉由三郎（よしざぶろう）（1868-1936）が最初に使ったといわれます（『大辞泉』）。この時代、言文一致運動を経て全国で通用する言葉が必要とされており、東京と京都のどちらの言葉を標準とすべきかで、多くの調査が行われた時代でもありました。

しかし、この試みは、関東大震災でつまずき、その後、停滞したまま太平洋戦争とともについえ、ついに「標準語」と呼ばれるものが定められることはありませんでした。また、戦後、「標準語」を定める公的な機関が存在することもありませんでした。公的に「標準」と定められた言葉である「標準語」が日本に存在しないのは、このような理由からです。

海外には、このような「標準語」を定める国家機関が存在します。イタリアでは、フィレンツェのクルスカ学会（L'Accademia della Crusca）が400年以上前から「イタリア語の基準」を定めてきていますし[1]、韓国では、国立国語院が「標準語」を定めています[2]。反面、イギリスやアメリカなどには、標準語を定める国家組織はありません。世界の言語のすべてに、標準語があるわけではないのです。

ただ、公式に標準語が決まっていないことと、事実上の標準語がないこととは、同じではありません。日本でも、「標準語」と呼びうる言語が存在すると主張する立場もあります。

> しかし、私のみるところ、「共通語」という用語も、上下の規範を軸に「方言」に対峙するものとして使われているのが一般である。だとすれば、それは「標準語」の仮面にすぎないのである[3]。

この真田信治氏の主張は、「標準」を指向しつつ意識的に発話している点で、「共通語」と言おうが「標準語」と言おうが、指すものも意識も同じであるというものです。実際、「標準語」という言葉は、よく聞かれます。

では、国語教育では、何と言ったらよいでしょうか。『小学校学習指導要領（平成 29 年告示）解説　国語編』は、次のように書かれています（下線は引用者）。

> 第２　各学年の目標及び内容
>
> 〔第５学年及び第６学年〕２　内容〔知識及び技能〕
>
> ⑶　我が国の言語文化に関する次の事項を身に付けることができるよう指導する。
>
> ウ　語句の由来などに関心をもつとともに、時間の経過による言葉の変化や世代による言葉の違いに気付き、<u>共通語</u>と方言との違いを理解すること。また、仮名及び漢字の由来、特質などについて理解すること。

国語教育では、「標準語」ではなく、「共通語」という言葉を用いるべきでしょう。しかし、大切なことは、共通語と方言（＝地域の言葉）を対等に位置づけ、併用しつつも共存させ、それぞれの目的で用いることです《⇒ **83**》。共通語だけを優先させる意識をもたないことが、『小学校学習指導要領（平成 29 年告示）』の趣旨であると理解しましょう。

[1] Accademia della Crusca ‘Statuto dell’Accademia’ https://accademiadellacrusca.it/it/contenuti/statuto-dellaccademia/6956

[2] National Institute of Korean Language ‘Main Activities, Constructing a convenient language-life environment’ https://www.korean.go.kr/front_eng/activ/activ_02.do

[3] 真田信治（2000）『脱・標準語の時代』小学館、p.10.

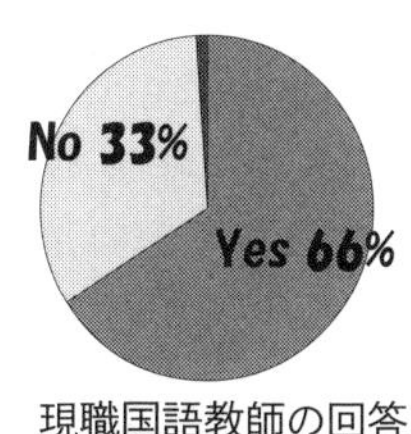

現職国語教師の回答

漢字を使う日本語は、中国語と同じ系統の言語ですか。

中国語とは、語順も音節構造も大きく異なります。

日本語は、系統不明の言語と言われています。

日本語は、名詞のような自立語に助詞のような付属語が付く、いわゆる膠着語という性質があり、語順でも、動詞などの述語が文の最後に置かれる言語です。このような性質は、韓国・朝鮮語とかなりの近似性が認められますが、中国語は、原則、漢字1文字が1単語として用いられ、語形が変化しない、いわゆる孤立語と呼ばれる言語です。そもそも、中国語の語順（我 wǒ- 吃 chī- 饭 fàn）は、英語の語順（I eat rice）と同じ、主語(S)－動詞(V)－目的語(O）が基本です。日本語と中国語は、文法的に見てまったく異なる言語です。

日本語が中国語と似ている点は、漢字を使用する点と、その漢字を介した共通した語彙がある点です。このように、日本語と中国語は、元来、別々の言語ですが、互いに影響し合って今の状況になっています。

この他の性質も併せて、日本語と近隣言語の特徴をざっと比べてみましょう。

表1　近隣諸語との比較

	日本語	中国語	韓国・朝鮮語	タガログ語
漢字使用	広範	広範	限定的	なし
音節構造	閉音節少	閉音節中	閉音節多	閉音節多
語順	S-O-V	S-V-O	S-O-V	V-S-O
主題	多用	稀	多用	多用

韓国・朝鮮語ですら、音節構造が大きく違います。日本語は、ほとんどの音節が母音で終わる**開音節**ですが、他の言語には子音で終わる**閉音節**が多く見られます。このように、日本語は、どの言語とも姉妹関係が認められない、系統不明の言語なのです。

話を漢字の使用に戻しましょう。漢字を日常的に使用する言語は、現在、日本語と中国語だけですが、過去には、韓国・朝鮮語とベトナム語でも、漢字を使っていました。この２つの言語では、主に中国語由来の言葉だけを漢字で表し、今でも漢字が思い浮かぶ語句が多く存在します。たとえば、「注意」は、中国語も「注意（zhùyì）」ですが、韓国・朝鮮語も「주의（チュウィ）」、ベトナム語でも‘chú´y’なのだそうです[1]。ただし、韓国・朝鮮語もベトナム語も、漢字には本来の中国の音に近い音だけを当て、いわゆる「訓読み」はありません。日本語のように訓読みが一般的に使われていたわけではないようです。

さらに言えば、すべての漢字の語彙が、中国語から日本語に伝わったわけではありません。明治時代に、漢字を使用して西洋の概念を翻訳し日本で作られた語が、中国語に取り入れられたものも多くあります[1]。

［日本人が古代漢語を用いて、欧米語を意訳した語］

教育、権利、自由、社会、思想、自然、文化、文学、法律…

［日本人が漢字を用いて、欧米語を意訳（あるいは音訳）した語］

医学、意志、概念、化学、関係、義務、警察、現象、主観、主義、歴史、条件、政府、対称、哲学、電力、電報、民主、目的…

（引用元は、『現代漢語外来詞研究』という中国で出版された書物）

古代中国語を表す文字として作り出された漢字は、系統を超えた東アジア諸言語に共有される存在となりました。

[1] 藤井友子（1986）『漢字音―すぐに役立つ!! 日中朝ベトナム・共通語彙 408―』朝日出版社、p.88, p.89, p.142.

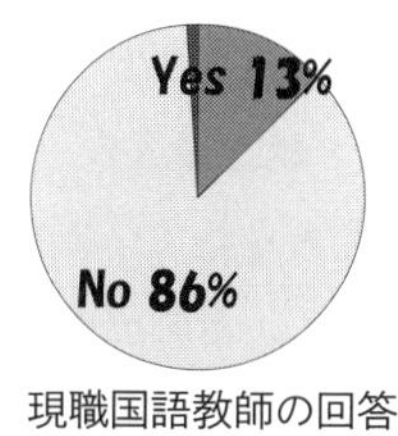

現職国語教師の回答

5
一般

卑弥呼も日本語を使っていましたか。

いわゆる「魏志倭人伝」に、いくつか、今の日本語につながる単語が見られます。

日本語と呼べる言語がいつからあったか。それは、簡単な問題ではありません。しかし、言語の異なる民族による大々的な征服があった史実が見られない以上、現在使われている日本語は、歴史として刻まれる以前の縄文・弥生の時代から、緩やかにでもつながってきていると考えられます。その意味で、2世紀から3世紀に生きた**卑弥呼**も、現代の日本語につながる「日本語」を使っていたといってよいでしょう。

では、どのような日本語を使っていたのでしょうか。邪馬台国の資料は、日本に残っていません。中国の『三国志』中の「魏志」にある「東夷伝-倭」（通称「**魏志倭人伝**」）には、対馬国及び一支国に「卑狗」「卑奴母離」という大官・次官がいたと記されています。これらは、「ヒコ」と「ヒナモリ」と読み、現代にもつながる言葉「彦」「鄙守り」のことと解釈されます。承諾の意味で「噫」という言葉を用いたこと以外、言語についての記述もなく、文章は伝えられていないため、文法まではわかりませんが、少なくとも、現代につながるいくつかの単語が、すでに存在していたものと考えられます[1]。

さて、卑弥呼の時代の音はどうだったのでしょうか。奈良時代より前のハ行音は、おそらくｐ音であっただろうと推察されています。もちろん、実際に聞いたことがある人も録音資料も残っていませんし、ローマ字のような表音文字で日本語を記した資料が残っているわけでもありませんから、奈良時代以降の音から推察するしかありません。ただ、「光（ひかり）」が擬態語の「ピカ（ピカ）」と関係あることや、沖縄方言に「花」を「パナ」と言うところがあることなどから、「魏志倭人伝」の「卑狗（ヒコ）」は「ピコ」のような音だったのではないかと考えられています。もちろん、同じ時代であっても地域差があった可能性もあります。卑弥呼の統治した地域で、大和朝廷以降につながる音が、同じであったという保証はありません。

このように、卑弥呼の時代の日本語についてほとんどわからないのは、その頃の日本列島に文字がなかったからです。中国から漢字が入ってきて日本で文字が書かれた最古のもののひとつとして残っているのは、埼玉県行田（ぎょうだ）市の稲荷山（いなりやま）古墳出土鉄剣で、次のように書かれています。

> [表]辛亥年七月中記乎獲居（をわけ）臣上祖名意富比垝（おほひこ）其児多加利足尼（たかりすくね）其児名弖已加利獲居（てよかりわけ）其児名多加披次獲居（たかはしわけ）其児名多沙鬼獲居（たさきわけ）其児名半弖比（はてひ）
> [裏]其児名加差披余（かさはや）其児名乎獲居（をわけ）臣世々（よよ）為杖刀人首（ぢやうたうにんをさ）奉事来至今獲加多支鹵（わかたける）大王寺在斯鬼（しき）宮時吾左治天下令作此百練利刀記吾奉事根原也[2]

「辛亥年」は471年で、「獲加多支鹵（わかたける）大王」は、雄略（ゆうりゃく）天皇であるとの説が一般的です。沖森卓也氏は、この「魏志倭人伝」より200年余り後、『万葉集』より300年近く前に作られた銘文を、日本語を同音もしくは類似の漢字で書き表す**万葉仮名**の最古の資料としていますが、その使用は人名（上記引用では振り仮名が振ってある）に限られています。人名以外は中国語で書かれており、3行目の「至今」は、漢文ならレ点を打って「今ニ至ル」と読みますし、4行目の「令作此百練利刀」も「此ノ百練利刀ヲ作ラシム」と読みます。助詞の「は」や「の」を表す文字も使われておらず、銘文全体が日本語であるとはいえませんが、「ヒコ」という日本語はここにも見られます[2]。

このように知る手がかりの少ない卑弥呼の時代の日本語ですが、最初にも述べたように、歴史として知られる大きな征服がなかったことからすれば、日本列島では、北方のアイヌ民族を除き、現代日本語につながる言語が使われていたといってよいと考えられます。

[1] 国営吉野ヶ里歴史公園　弥生ミュージアム「魏志倭人伝」http://www.yoshinogari.jp/ym/topics/index.html

[2] 沖森卓也『日本語全史』筑摩書房、pp. 26-27.

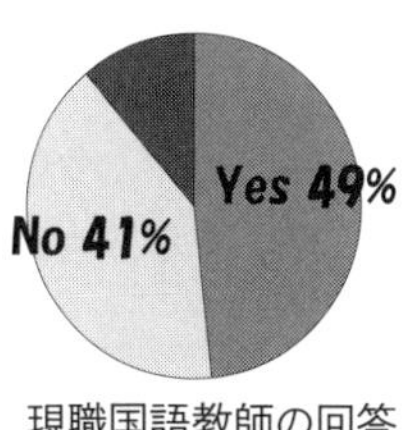

現職国語教師の回答

6 一般 若者言葉は、すべて、悪い言葉ですか。

同年代の人同士の連帯感を強める働きがありますので一概に悪い言葉と言い切れませんが、一般には通じにくい面もあります。

おいしいものを食べて「ヤバい」と言ったり、驚いたときに「うっそー」と返事をしたりするなど、若い人に特に好んで用いられる言葉を**若者言葉**と呼びます。この若者言葉に眉をひそめる人もいますが、なぜ人は嫌悪感を抱くのでしょうか。

ある世代だけに使われる言葉は、昔もありました。米川明彦氏[1]によれば、「コンパ」や「君・僕」という言葉は、明治時代の学生言葉から広まったとされていますが、今では十分一般的な言葉となっています。

さらにさかのぼれば、『枕草子』や『徒然草』でも、清少納言や兼好法師が次のように嘆いています。

> ふと心おとりとかするものは、男も女もことばの文字いやしう遣ひたるこそ、よろづのことよりまさりてわろけれ。たゞ文字一(ひとつ)に、あやしう、あてにもいやしうもなるは、いかなるにかあらむ。(略) なに事をいひても、「そのことさせんとす、いはんとす、なにとせんとす」といふ「と」文字を失ひて、たゞ「いはむずる、里へいでんずる」などいへば、やがていとわろし。(略)「ひてつ車に」といひし人もありき。「求む」といふことを「みとむ」なんどは、みないふめり[2]。

> 文の詞(ことば)などぞ、昔の反古(ほうご)どもはいみじき。たゞ言ふ言葉も、くちをしうこそなりもて行くなれ。「いにしへは、「車もたげよ」「火かゝげよ」とこそ言ひしを、今様の人は、「もちあげよ」、「かきあげよ」と言ふ。(略) くちをし」とぞ、古人(ふるひと)は仰られし[3]。

『枕草子』の方は、男も女も言葉遣いが下品だとがっかりする、「いは(わ)んとす」

が正しい言い方で「いは(わ)むずる」のように言うのは好ましくないと述べています。また、「ひとつ」と言うところを「ひてつ」と言ったり「求(もと)む」と言うところを「みとむ」と言ったりする言い間違いを挙げています。『徒然草』も、今で言うところの言葉の変化の例として、「車もちあげよ」や「火かきあげよ」を挙げています。いつの世も、自分と異なる言葉遣いをされることを人は嫌がるものなのです。

しかし、どんな言葉も変化をするものです。昔の言葉が「正しい」のであれば、現代の言葉は大半が正しくなくなってしまうからです。さらに、昨今の研究では、人と親しくなりたいときのポライトネス（待遇的な適切さ）《⇒ **80**》の観点から、若者言葉の使用には連帯感を強めるなどの効果があることも知られています。

だからと言って、すべての人に対して若者言葉を使ってよいというわけではありません。年配者に対して、SNS（ソーシャル・ネットワーキング・サービス）でのみ使われる「りょ（了解）」や「とりま（とりあえずまあ）」などの若者言葉を用いても通じません。大切なことは、様々なグループの人に確実に届く言葉を使うことです。外国の人に届けるために英語を学ぶように、異世代の人にも伝わる言葉をもてばいいのです。

国語教育の目的は、いずれかの言葉を子供たちから奪うのではなく、相手に合わせた多様な言葉遣いを教えること。相手に合わせて選べる言葉を増やす教育が望まれます。

[1] 米川明彦（1997）『若者ことば辞典』東京堂出版、p.256.
[2] 渡辺実校注（1991）『枕草子（新日本古典文学大系 25）』岩波書店（186 段）.
[3] 佐竹昭広・久保田淳校注（1989）『方丈記　徒然草（新日本古典文学大系 39）』岩波書店（『徒然草』22 段）.

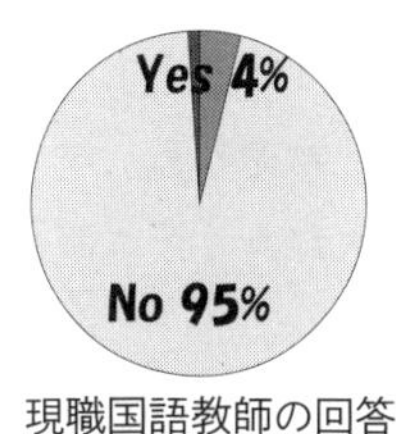

現職国語教師の回答

言葉遊びは、平安時代のような昔からありましたか。

平安時代には、多くの言葉遊びの萌芽が見られます。

『小学校学習指導要領（平成29年告示）』「第２章 各教科　第１節 国語」には、第１学年及び第２学年の我が国の言語文化に関する事項「伝統的な言語文化」において、「長く親しまれている言葉遊びを通して、言葉の豊かさに気付くこと」とあります。具体的に『同 解説』には、「いろはうたやかぞえうた、しりとりやなぞなぞ、回文や折句、早口言葉、かるたなど、昔から親しまれてきたもの」に加えて、「地域に伝わる言葉遊び」や「郷土のかるた」の活用が勧められています。

では、「昔から」とは、いったいいつ頃からでしょうか。

「いろはうた」（作者不明）

いろはにほへと　ちりぬるを　　　色はにおへど　散りぬるを
わかよたれそ　つねならむ　　　我が世だれぞ　常ならむ
うゐのおくやま　けふこえて　　　有為の奥山　今日越えて
あさきゆめみし　ゑひもせす　　　浅き夢見じ　酔ひもせず

「いろはうた」は、平安中期『金光明最勝王経音義（こんこうみょうさいしょうおうきょうおんぎ）』（1079）という経典の注釈書に見られます。当時、まだワ行の「ゐ（wi）」とア行の「い」との区別があったことや、平仮名に濁点は付されなかったことなどが、ここからわかります。

「かぞへ歌」は、平安末期にもあったという説もありますが、現代の「かぞえ歌」とは考え方そのものが異なります。現代の**「かぞえ歌」**の起源は、室町時代の「物売り歌」や近世の「てまりうた」の類であったと言われており（『日本国語大辞典［第二版］』）、次のようなものが有名です。

一番はじめは一の宮　　　二は日光の東照宮（とうしょうぐう）

三は佐倉の宗五郎　　四は信濃の善光寺
五つ出雲の大社　　六つ村々鎮守様
七つ成田の不動様　　八つ八幡の八幡宮
九つ高野の弘法様　　十で東京招魂社

これは、地元のラジオ CM などで私が覚えている歌詞ですが、各地で歌詞が少しずつ違っているのも、口頭伝承のおもしろさです。他に、「いちにいサンマのしっぽ……」の続きも、「ゴリラの娘」や「ゴリラのロケット」など、各地で違っています。調べてみるのもおもしろいでしょう。

折句や**回文**は、国語教育でもよく取り上げられる言葉遊びです。

折句は、仮名書きで五文字の言葉を、和歌の中に読み入れて作ります。有名なのは、『伊勢物語』9 段の次の歌です[1]。

唐衣きつゝなれにしつましあればはる／＼゛きぬる旅をしぞ思

各句の頭の音をつなげると「かきつはた（カキツバタ）」となります。

回文は、上から読んでも下から読んでも同じ音になる文章のことで、もっとも古い和歌は、藤原隆信『隆信朝臣集』（成立年不明）の次の歌とされます[2]。

白波の高き音すら長浜は必ず遠き潟のみならし

「す」と「ず」のような清濁の区別は、問題とされなかったようです。

言葉遊びは、アクティブ・ラーニングの手法も取り入れやすく、自分で辞書を引くため語彙力の向上にもつながります。

[1] 堀内秀晃・秋山虔校注（1997）『竹取物語　伊勢物語（新日本古典文学大系 17）』岩波書店（『伊勢物語』9 段）．各句の頭の音に□を付した。

[2] 藤原保明（2010）『言葉をさかのぼる―歴史に閉ざされた英語と日本語の世界―』開拓社、pp.188-196.

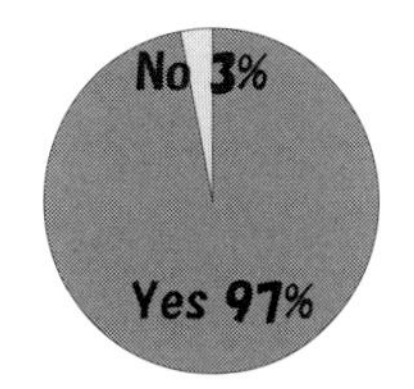

現職国語教師の回答

日本語は特殊な言語ですか。

特殊な面もありますが、一般的な言語の特徴ももっています。

言語は、多様な側面をもっています。音、文字、語彙、文法、運用、それぞれの観点で日本語を観察してみると、おおよそ、文字（表記法）と敬語は特殊だけれど、他は極めてふつうの言語とも言える性質が見られます。

まず、音の特徴ですが、5つの母音をもつ言語は、世界中でもっとも多いとされています。英語やフランス語のように、10以上の母音をもつ言語は、むしろ少数派です。Dryer & Haspelmath らの研究[1]によれば、母音数2～4の言語は93言語あって、多くは、オーストラリアや南北アメリカに存在します。一方、母音数7～14の言語も184言語あり、これらは、ユーラシア大陸やアフリカに分布します。日本語のような母音数5～6の言語は、世界中に見られ、その数は287言語。日本語は、母音の数では、ふつうの言語です。

語彙数はどうでしょうか。語彙を構成する単語の切り方が言語によって異なるため、一概には言えませんが、英語最大の辞典であるOED（Oxford English Dictionary）は、60万項目以上が立てられています[2]。日本語では、『日本国語大辞典［第二版］』がもっとも大きい辞典で、総項目数50万[3]となっています。実際には、言語によって単語の作り方が違うため、単純比較はできませんが、日本語の語彙数は、いろいろな文化を受け入れてきた結果として、世界有数の水準となっていることは間違いありません。

文法はと言うと、角田太作氏によれば、世界の言語の**基本語順**は、日本語型の「主語(S)－目的語(O)－動詞(V)」が約44%ともっとも多く、次いで英語型の「主語(S)－動詞(V)－目的語(O)」が39%となっています[4]。Dryerらの研究[1]でも、やはりSOV型が優勢です。日本語は、語順の点でもふつうの言語です。ただし、文法的特徴の中でも敬語に関しては、たしかに日本語は、世界的に見ても複雑なようです《⇒ **71**》。

もっとも日本語の特殊さが際立つのは、表記です。平仮名、片仮名、漢字を併用し、同じ意味の語を3通りに書ける言語は、他にありません。平仮名も片仮名も「仮名」、つまり漢字を崩したり一部を取ったりして楽に書けるように工夫した私的で臨時的な文字で、公式の文字である「真名＝漢字」と対比されます[5]。中国語を書き表す文字である漢字を日本語に取り入れた工夫の結果、日本語には複数の表記法が定着したと言えましょう。

このように、世界の言語は、それぞれに違いがあります。日本語には、特殊な点もありますが、一般的な言語としての特徴もあります。英語だけでなく世界の様々な言語を比較し、その違いを知ることこそ、人間の発想の多様さを知る手立てとなります。言語という人類の英知の結晶を、幅広く見ていくことが、真に日本語という言語を知ることにつながるのだと心得ましょう。

[1] Dryer, M. S., & Haspelmath, M. (eds.)(2013) The World Atlas of Language Structures Online. Leipzig: Max Planck Institute for Evolutionary Anthropology. (Available online at http://wals.info.)

[2] OED 'Home' https://www.oed.com

[3] Japan Knowledge「日本国語大辞典［第二版］」https://japanknowledge.com/contents/nikkoku

[4] 角田太作（2009）『世界の言語と日本語―言語類型論から見た日本語―［改訂版］』くろしお出版、p.245.

[5] 山本真吾（2011）「仮名」沖森卓也・笹原宏之・常盤智子・山本真吾『図解　日本の文字』三省堂、p.68.

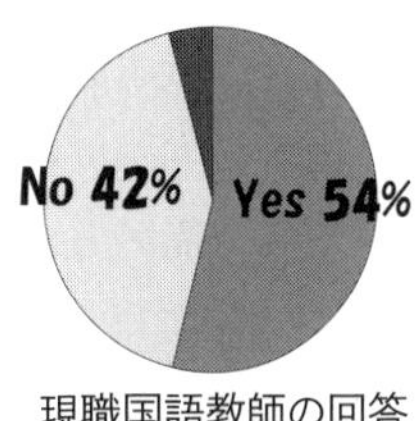

現職国語教師の回答

9
一般

日本語は、国際的な言語になれますか。

世界では380万人以上が、日本語を学んでいます。

国際交流基金が毎年行っている調査によると、全世界で日本語を学んでいる人は、3,846,773人[1]で、1993年の1,623,455人と比較して2倍以上になっています。もっとも学習者の多いのは、中国の1,004,625人で、次いで、インドネシア706,603人、韓国531,511人、オーストラリア405,175人、タイ184,962人、ベトナム174,461、台湾170,159人、アメリカ166,565人となっています。洋の東西を問わず、日本語は、世界で多くの人に学ばれています。

なぜ、世界中で日本語が学ばれているのでしょうか。もちろん、経済的理由による成人の学習者も多くいますが、世界では日本語を教える機関のうち中等教育機関が44.9%と半数近くを占めています[1]。すなわち、義務教育やそれに続く段階で、日本語を学ぶ人が多いということです。アニメなどの影響もありますが、各国の学校教育制度の中に日本語教育が位置づけられていることが、日本語への関心を高める大きな原因となっています。

アジア圏では、英語の次の外国語として学ばれます。そのため、大学での第二外国語として学ばれることが多いようです。では、その英語を公用語とする国々では、なぜ日本語が学ばれているのでしょうか。

オーストラリアでは、州によっても異なっていますが、国全体の人口 10 万人あたりの日本語学習者数は 1708.3 人（2018 年）で、世界 1 位です[2]。2017 年 3 月 24 日の ABC（Australian Broadcasting Corporation）の Web News[3] では、日本語がオーストラリアで学習される第 1 位の外国語となっています。

同記事によれば、オーストラリアでは、1970 年代から日本語学習が推奨され、80 年代には政府の資金援助もあり、初等教育段階で広まったとあります。英語を話している国では、「幼少期から異文化への理解やコミュニケーションについて学び、経験することが（中略）重要視されてい」ます[4]。言語を学ぶ際、違いが一定程度ある日本語は、好奇心の対象となっているのです。

一方で、日本に住む外国人も 2,829,416 人[5]となり、日本語を母語としない児童生徒に対する教育も重大な関心事となってきました《⇨ **86～88**》。日本語は、もはや日本国籍をもつ人だけの言語ではありません。大切なことは、このような日本語という言語、それを通して日本という文化に関心をもってくれた人に対して、本当に日本を好きになってもらえるよう継続的に発信することであり、適切な教育を提供することです。それが成功すれば、ますます、日本語は世界で通用する言語となっていくことでしょう。

[1] 国際交流基金「2018 年度「海外日本語教育機関調査」結果（速報）」https://www.jpf.go.jp/j/about/press/2019/029.html

[2] 国際交流基金（2020）『海外の日本語教育の現状―2018 年度日本語教育機関調査より―』p.41. https://www.jpf.go.jp/j/project/japanese/survey/result/dl/survey2018/all.pdf

[3] ABC News 'Which languages should Australian children be learning to get ahead?' http://www.abc.net.au/news/2017-03-24/which-languages-should-australian-children-be-learning/8383146

[4] 国際交流基金（2017）『海外の日本語教育の現状―2015 年度日本語教育機関調査より―』p.19. https://www.jpf.go.jp/j/project/japanese/survey/result/survey15.html

[5] e-Stat「統計で見る日本　在留外国人統計（2019 年 6 月）」https://www.e-stat.go.jp/stat-search/files?page=1&layout=datalist&toukei=00250012&tstat=000001018034&cycle

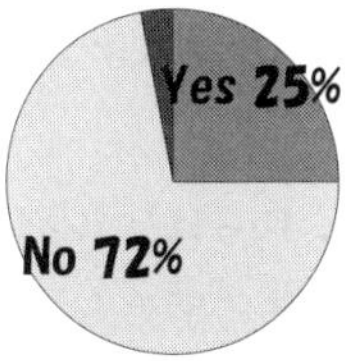

現職国語教師の回答

10
一般

国語学や国文学の知識があれば、国語を適切に教えられますか。

それだけでは不十分です。教授法と両輪で教えるのが肝要です。

いろいろな学校の研究授業におじゃますると、授業後の研究会では、教え方について質問が相次ぎます。学校の垣根を越えて、子供たちのために切磋琢磨する先生方の姿勢には頭が下がります。

しかし、本書で取り上げた事項を勘違いしていたり、明らかに間違った内容を教えていたりする場面にも出くわします。いくら教え方がうまくとも、教える内容が伴っていなければ、子供たちは本当によい授業を受けたと言えるのでしょうか。やはり**教科等の教育内容**と**教授法**は、車の両輪。どちらかだけが大きくなっても、まっすぐ走れません。

もちろん、知識の内容も時代とともに変わってきています。昔のように、豊富な知識をもつだけでは、「厳しい挑戦の時代」(『中学校学習指導要領（平成29年告示）解説　国語編』第1章総説より。以下、同じ）を生きていくことはできません。特に、人工知能（AI）の飛躍的な進化は、「学校において獲得する知識の意味にも大きな変化をもたらす」でしょう。教科書の知識を有機的につなげて、個々人が生きる場面で「再構築」することが求められます。

今回の『学習指導要領』の改訂では、次の3つの「思い」が込められています[1]。

○　実際の社会や生活で生きて働く知識及び技能
○　未知の状況にも対応できる思考力、判断力、表現力など
○　学んだことを人生や社会に生かそうとする学びに向かう力、人間性など

これらは、これからの時代、大学入試でも同じことが求められますので、教育全体に求められている方向性といえます。

このときに注意してほしいのは、やはり、正しい知識・技能の習得が基礎に

ありつつも、そこで習熟度を測って終わりというわけではない点です。大学入試センター試験は、細切れの知識を問う問題が多く、吐き出してしまえば終わりという性質が否めませんでした。それを**思考力・判断力・表現力**に結びつけることが重要だといわれているのです。

教師が知っておくべきは、この全体像です。アクティブ・ラーニングなど教授法は、その手段であって目的ではありません。教師としてもっておくべき知識・技能の軽視は、基礎の脆弱さをもたらし、新しい時代に求められる教育にはたどり着けないでしょう。

それだけではありません。国語学や国文学のような教科の専門内容が軽視されれば、学び続ける愉しさが教えられなくなります。先人たちが日本語という言語を使って、いかに考えを深め高めてきたかを学ぶことは重要なことです。

知識・技能は不断の努力で身に付けるもの。教授法は、切磋琢磨で高め合うもの。教科等の教育内容と教授法という両輪がうまくかみ合う教育が、子供の未来につながるものとなるのです。

[1] 文部科学省「平成 29・30 年改訂学習指導要領のくわしい内容」https://www.mext.go.jp/a_menu/shotou/new-cs/1383986.htm#section3

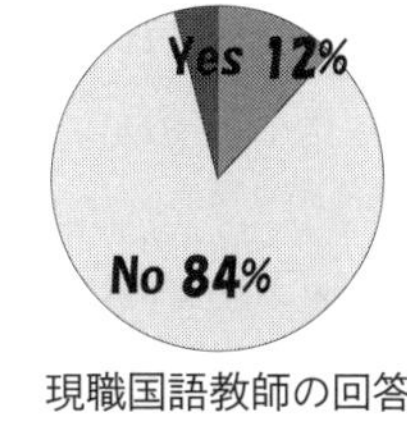

現職国語教師の回答

11
語彙・意味

「道」と「道路」、「あす」と「みょうにち」は、同じ意味ですか。

厳密には違います。

『小学校学習指導要領（平成29年告示）』「第２章 各教科　第１節 国語　第２ 各学年の目標及び内容〔第１学年及び第２学年〕 ２ 内容〔知識及び技能〕」には、次のような記述があります。

オ　身近なことを表す語句の量を増し、話や文章の中で使うとともに、言葉には意味による語句のまとまりがあることに気付き、語彙を豊かにすること。

「意味による語句のまとまり」については、『同 解説』に、「ある語句を中心として、同義語や類義語、対義語など、その語句と様々な意味関係にある語句が集まって構成している集合」と定義されています。子供たちに辞書を引かせることは、この意味のつながりを知る手段を学ばせることと言えます。

しかし、「様々な意味関係」とあるように、意味には多様な側面があります。たとえば、「道」と「道路」、「あす」と「みょうにち」は、まったく同じ意味でしょうか。「道」は、動物が歩いて作ったものも指しますが、「道路」を動物が作ることはありません。また、「自分の信じた道を行け」と言う代わりに、「自分の信じた道路を行け」とは言えないように、「道路」には抽象的な「進路」の意味はありません。また、「みょうにち」の方が「あす」よりも硬い文体で用いられます。

意味には、様々な種類があるとする考え方もあります。かつて、G. リーチは、次の７つの意味を挙げました[1]。

概念的意味：意味を構成する示差的特徴のうち必須なものの束
内包的意味：人々が共通に抱く連想的イメージ

文体的意味：話者の性・世代・職業などについて、社会の人々が一般的に抱いているイメージ
喚情的意味：話者の感情、態度について抱いているイメージ
反映的意味：同じ言語表現の別の意味から連想されるイメージ
連語的意味：他の語と結びついた時に生じる意味
主題的意味：メッセージの組み立て方によって伝達される意味[2]

この区分によると、「あす」と「みょうにち」は、**概念的意味**は同じであっても文体的意味が異なりますし、「道」と「道路」は、そもそも概念的意味さえ異なる可能性もあります。このように、厳密な意味で**同義語**は存在せず、すべては共通する意味を多くもつ**類義語**だと言う立場もあります。

国語教育では、『小学校学習指導要領（平成 29 年告示）』第 1 学年及び第 2 学年において、同義語を認めています。しかし、第 5 学年及び第 6 学年では、同義語という言葉は消え、類義語となります。類義語相互の微妙な差は、上記のような様々な意味の違いを考えると理解しやすくなります。

[1] ジェフリー・リーチ（1977）『現代意味論』（安藤貞雄監訳）研究社出版、pp.12-29.
[2] 田中春美他（1982）『言語学演習』大修館書店、pp.157-160.（リーチ自身の定義が難解なため、こちらの要約を引用した）

現職国語教師の回答

「暑い」の対義語は、「寒い」だけですか。

快不快も考慮に入れれば、「涼しい」も対義語と言えます。

反対の意味をもつ語を**対義語**といいます。「大きい」の対義語は「小さい」ですし、「兄」の対義語は「弟」、さらに「行く」の対義語は「来る」です。しかし、これらの「反対」には、様々な捉え方の違いがあることにお気付きでしょうか。

対義語には、様々なタイプがあります。

まずは、物理的程度の対義語です。「暑い」と「寒い」で表される気温には、程度があります。この場合、両極端な程度を表す言葉が、対義語となります。当然、程度性には段階がありますので、「暑くも寒くもない」と言うことができます。

次に、感覚的程度の対義語です。「暑い」には不快さという意味が含まれますから、その快適さを反対にすれば、「暖かい」を対義語として挙げることもできます。また、感覚と物理的な気温と組み合わせて、「暑い」に対する対義語を「涼しい」と捉えることもできます（図1）。

このように、程度性のある概念については、どの側面に着目するかによって、対義語も様々に存在すると言えます。

では、程度性のない場合には、どのような対義語があるでしょうか。

「兄」と「弟」は、同じ親をもつ子という意味で共通点がある中で、年齢の異なりを対義語と捉えたものです。「兄でも弟でもない」と言っても、中間段階を指すわけではありません。

「行く」と「来る」は、また異なるタイプの対義語です。それは、視点の置き方によって離れていく方向（①）であれば「行く」、近づいてくる方向（②）であれば「来る」を用います（図2）。視点を置く場所が違うのです。同様に、「やる」と「くれる」、「上がる」と「下がる」も、動きを捉える視点の違いによる対義語です。

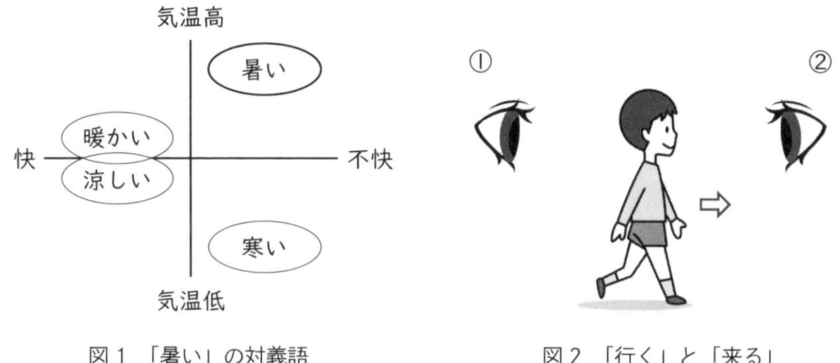

図１　「暑い」の対義語　　　　図２　「行く」と「来る」

このように、単に対義語と言っても、様々な種類があります。

同義語、類義語、対義語のような語相互の意味は、『小学校学習指導要領（平成 29 年告示）解説　国語編』でも、次のように、学ぶべき項目として位置づけられています（太字は原文のまま）。

〔第５学年及び第６学年〕

１〔知識及び技能〕(1) 言葉の特徴や使い方に関する事項　〇 語彙

オ　思考に関わる語句の量を増し、話や文章の中で使うとともに、語句と語句との関係、語句の構成や変化について理解し、語彙を豊かにすること。また、語感や言葉の使い方に対する感覚を意識して、語や語句を使うこと。

語句と語句との関係には、類義語や対義語、上位語・下位語などがある。このような語句と語句との関係を理解することは、語感を高めたり、言葉の使い方に対する感覚を豊かにしたりすることにもつながる。話や文章の中で、結び付きの強い語句同士が相互に関連し合い、文章の種類や内容を特徴付けている場合があることに気付くことも重要である。

多様な対義語を、文脈に応じて使い分けられるよう、捉え方の違いを考えて学んでいきましょう。

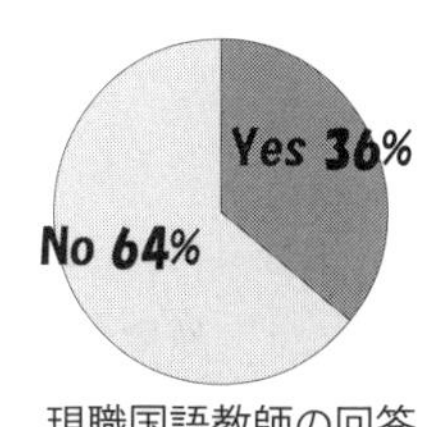

現職国語教師の回答

「～人」、「～つ」、「～体」など、助数詞を使い分ける必要はありますか。

名詞の代わりとして用いるときなど、細かい区分が役立ちます。

日本語に多様に存在する**助数詞**は、『学習指導要領』にこそ載せられていませんが、小学校高学年の国語や算数などで重要な概念です。

助数詞は、単純に、長い形状の物には「～本」、薄い紙状の物には「～枚」を使うという一般的なものから、タンスを「～棹」、ウサギを「～羽」というなど、特殊なものまであります。中学校では、授業前の生徒同士による短時間学習で、特殊な助数詞がよく出題されます。

助数詞には、形状による区別があるため、名詞の代わりに用いることもあります。

(1)　子供が３人遊んでいた。２人が帰って１人残った。

１文目の数詞「3」と助数詞「人」の組み合わせ「３人」は、「子供」を数えるために用いられており、日本語では「子供が３遊んでいた」のように、数詞だけで数を表すことはできません。また、２文目の「２人」と「１人」は、「子供」の代わりに用いられています。助数詞は、使わなければならない言葉（接尾辞）の規則なのです。

なお、表記に関して、昭和 27（1952）年に出された「公用文作成の要領」によれば、横書きでは、「一部分」や「一間（ひとま）」「三月（みつき）」のように、特別な場合を除き、原則、アラビア数字を用いるようにします[1]。これによれば、「常用漢字表」の熟字訓として挙げられる「ひとり」「ふたり」も、漢数字を用いて「一人」「二人」と書くことになります。しかし、(1)を「子供が３人遊んでいた。二人が帰って一人残った。」と書いたら、奇異に感じます。成句でなく他の数字も入りうる場合には、原則アラビア数字を用いると考えた方がよいでしょう。一方、縦書きは、昭和 27（1952）年の定められた「公用文作成の要領」には挙げられていませんでしたが、令和２（2020）年現在、文化審議会国語分科会で、縦書きでは漢数字を使うという案が検討されています[2]。

さて、助数詞は、どこまで区別しなければならないのでしょうか。「タンス１本」や「ウサギ３匹」は間違いなのでしょうか。小学校では、算数の教科書などで、「ウサギが３匹います」と書かれているものもあります。これも考え方次第です。中学校以上の国語の時間に「タンス１棹」「ウサギ３羽」を教えればよいのであって、算数・数学科において別の基準があることを否定する必要はありません。

このように、少し面倒な性質もある助数詞は、そもそもなぜ使い分けられているのでしょうか。助数詞の起源は中国にあります。中国語のような単音節の単語を多用する言語において、単に「一」や「二」と発音するよりも、その数詞の指す名詞の特徴を捉えた助数詞は、発音を安定させるために有用でした。そう考えれば、現代日本語で、助数詞を使い分ける必要はないともいえます。その証拠に、年齢でも「１個上」や「２個下」と、物と同じように数える方法も広まりつつあります。

ただ、語は、伝統的に区別があるならば区別を学ぶ。これは、『学習指導要領』でも重要視されている「我が国の言語文化に関する事項」を学ぶことです。また、(1)で挙げたように、名詞の代わりとなる用法もあります。助数詞は、日本語の重要な要素として、これからも使用されていくでしょう。

[1] 文化庁国語施策情報「公用文作成の要領」（昭和 27（1952）年）https://www.bunka.go.jp/kokugo_nihongo/sisaku/joho/joho/series/

[2] 文化審議会「「公用文作成の要領」の見直しに関する国語課題小委員会の検討状況（案）」第 72 回国語分科会資料（令和元（2019）年 11 月）https://www.bunka.go.jp/seisaku/bunkashingikai/kokugo/kokugo/kokugo_72/

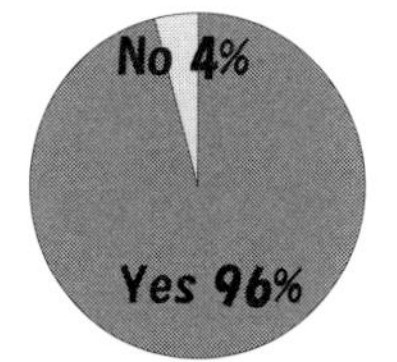

現職国語教師の回答

14 語彙・意味 「割合が多い」は間違いですか。

語は、単独の意味だけでなく、つながりも大切です。

「割合」とは、「全体の中に占める比率」のことであり、それは、計算や計量によって得られた数である数値で表されます。数値は、高いか低いかで計るものであり、数を数えた場合の、多いか少ないかとは別の尺度による捉え方です。この意味で「割合が高い」、「割合が低い」と言わなければなりません。同じように、「血圧が多い」や「標高が少ない」とは言いません。反対に、40 人学級で女子が 25 人いた場合、「女子が高い」とは言えません。これは、数値ではなく、ただ数えた「数」だから「女子が多い」と言うのです。

このように、名詞は単独で意味をもつだけでなく、その意味に合った適切な修飾語や述語を要求します。これを**連語（コロケーション）**といいます。紛らわしい連語を集めましたので参考にしてください。

表 1　適切な連語と間違えられやすい連語 1

	高い・低い	多い・少ない	大きい・小さい
割合が	○	×	○
確率が	○	×	×
公算が	△	×	○

この他に、「朝食を食べる」や「違和感を感じる」と言えば、「食」や「感」が重複するため「朝食をとる」や「違和感を覚える（／抱く）」と言うよう指導したり、より適切な目的語と述語との組み合わせを理解させたりすることも求められます。ただし、「違和感」などは、「違和」だけでは使用しないのだから、「不安を感じる」と同様に問題はないのだという考え方もあります[1]。

よく誤用が指摘される連語をまとめておきましょう。

表２　適切な連語と間違えられやすい連語２

話題	◯に上る	△を集める
注目を	◯浴びる	△集める
耳目を	◯集める、◯ひく	△集中する
的を	◯射る	×得る
当を	◯得る	×射る

△で示した言い方も、実際には多く用いられていますし、×で示した言い方も、ネットの文章では散見されます。ただ、語源的にも、「的を射る」のように由来する動作が容易に想像できる場合には、やはり由来から考えることが必要です（近年、『三省堂国語辞典［第七版］』のように、「的を得る」を認める立場も見られるようになりましたが、まだ一般的であるとは考えられていないようです）。同様に、「布団を×引く（◯敷く）」も、意味のつながりを考えれば「敷く」を選択しやすくなります。より多くの人に受け入れられやすい表現を考えることが、国語教育では必要です。

『小学校学習指導要領（平成29年告示）』「第２章 各教科　第１節 国語」に繰り返し出てくる「身近なことを表す語句の量を増し、話や文章の中で使う」とは、常に、連語の中で語句を考えることに他なりません。単語を辞書で引かせたら、主語と述語をそろえて例文を作ってみるとよいでしょう。

[1] 北原保雄編（2005）『続弾！問題な日本語―何が気になる？どうして気になる？―』大修館書店、pp.39-42.

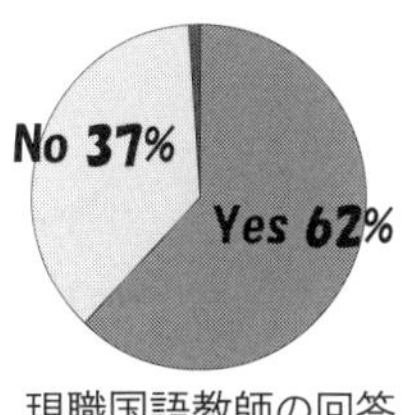

現職国語教師の回答

15
語彙・意味

幼児に対して大人が幼児語を使ったり、幼児自身が幼児語を使ったりしてはいけませんか。

大人になれば、自然と大人の語彙を使うようになります。

幼児教育の世界では、一時期、「ぶーぶ」や「ないない」のような**幼児語**を使わないようにという運動があったと聞きます。今でも、幼児教育の現場では、幼児語を使わない派と使用容認派との論争があります。

言語学的には、幼児語を使うことによって、児童の言語発達が遅れるなどの報告はなされておらず、むしろ文化の違いとして捉えられている報告が目に付きます。また、ドイツ語などの西洋語には、幼児語が多くないと主張する考察もあります[1]。日本語は、その点で西洋語と大きな差があるということは事実です。

しかし、西洋語で使わないから日本語で使ってはいけないという道理はありません。そんなことを言えば、敬語も使えなくなります。

たしかに、小学生になってからも幼児語を頻繁に使っていたら奇異に聞こえますが、それも自然と消えるもの。いずれ、場に合った言葉が選ばれていきます。

さて、幼児語の言語的特徴を考えてみましょう。動物を指すときに、「ワンワン（犬）」や「ニャーニャー（猫）」と言いますが、これらは、鳴き声を名前に利用しています。言語学では、一般的に、事物の概念とそれを表す音との間に必然的な結びつきがない（恣意的である）と考えます。つまり、「イヌ（犬）」や「ネコ（猫）」という語には、そう呼ばなければならない理由がないのです。しかし、幼児語の名称は、その動物の鳴き声から名付けられているため、幼児にとっても、その結びつきを理解しやすく、また語を獲得しやすいと言えます。

また、音声的にも幼児語の音には、特徴があります。幼児語では、「まんま（ごはん）」や「ぶーぶ（車）」のように、唇の音を多用します。その理由は、幼児がもっとも発音しやすい音だからです。反面、幼児が「シ」を「チ」と言ってしまう（「ワタチ（私）」）ように、幼児期にはなかなか発音できない音もあります。幼児語は、その点で、幼児にも発音しやすい言葉が多いと言えるでしょう。さらに、繰り返すということも、言いやすさを確保する手段となっています。

『幼稚園教育要領（平成29年告示）』の「言葉」に関する「ねらい」には、「自分の気持ちを言葉で表現する楽しさを味わう」とあります。発音しにくい言葉を誤って発音したがために笑われてしまい、表現することを嫌がるようになっては元も子もないことです。適切な時期が来たら、幼児語以外の言葉も教え、次第に子供の中で切り替わっていくようにするのがよいでしょう。言葉の教育は、とがめることによって奪うことではなく、発達段階に合ったより適切な表現を与え続けることなのですから。

[1] 江間信子他（2006）「コラム　世界の幼児語と子育て」『月刊言語』35(9), 大修館書店、pp.52-61.

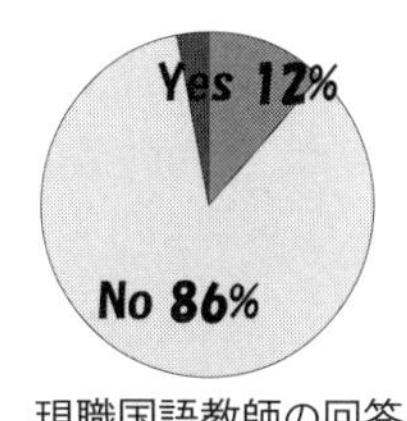

現職国語教師の回答

16
語彙・意味

読書をすれば、自然と語彙力は上がりますか。

語彙に着目して読書をすれば語彙は増えますが、ふつうに読書するだけで語彙力は上がりません。

『小学校学習指導要領（平成29年告示）』「第２章 各教科　第１節 国語」では、語彙指導の位置づけが明確化され、「語彙を豊かにする」ための具体的方策が盛り込まれました。語彙力を付けることは、今後ますます重要となってきます。『同 解説　国語編』「第１章 総説　２国語科の改定の趣旨及び要点」には、「語句を豊かにするとは、（中略）意味を理解している語句の数を増やすだけでなく、話や文章の中で使いこなせる語句を増やすとともに、語句と語句との関係、語句の構成や変化などへの理解を通して、語句の意味や使い方に対する認識を深め、語彙の質を高めること」と具体的方策が示されています。特に、小学校においては、この語彙の量と質の差が学力差の一因となることから、すべての教科の基盤的言語能力として語彙力強化が必要と述べています。

ここでポイントは、いくつかの**語彙力**の捉え方が示されていることですが、読書で増やせるのは、語彙力の一部です。

まず、理解できる語句と、使用可能な語句の区別をしなければなりません。夏目漱石の『坊っちゃん』には、「靴足袋（たび）」という言葉が出てきますが、文脈からこれが「靴下」であることは理解できます。これは、辞書を引かなくとも理解できる語句ですが、使用できる語句ではありません。さらに、『坊っちゃん』にある「毛繻子（じゅす）の蝙蝠（こうもり）傘」は、「綿糸と毛糸の綾織物のこうもり傘」という辞書の説明を読んでも、どのようなものか理解できないでしょう。つまり、読書は、たしかに、語彙の理解力を相対的に上げることはできても、読書だけでは語彙の運用力全体を向上させるには限度があるということです。

では、語句を話や文章の中で「使いこなす」ことは、どうしたらできるようになるのでしょうか。１つには、**11** で見た語句の多様な意味を知ることが重要です。「徐々に養い育てる」意味の「涵養」は、「子供を涵養する」とは言わず、「語彙力を涵養する」のように用います。連語的意味の理解が重要です。同じように、『坊っちゃん』に出てくる「奥深くて物静かな様」を表す「幽邃（ゆうすい）」なども、にわかには使用語彙とならないでしょう。それは、書き言葉としては存在しても、日常の話し言葉ではあまり使われないためです。概念的意味に加えて、様々な意味《⇨ **11**》を知り、適切な場面・文体で、適切な主語・目的語・動詞等との結びつきにおいて用いることが、前述の「語句の意味や使い方に対する認識」の具体的内容と考えられます。

読書で培われるのは、知識として理解している語彙の量を増やすことで、その多くは概念的意味の理解で留まっています。国語教育で求めているのは、様々な意味を適切に捉えるのと同時に、相手に対して適切に用いること。この流れを考えると、読書をして理解しただけでは不十分といえます。ぜひ、新しく理解した語句を辞書で確かめるなどして、使えるようにする習慣を付けていきましょう。

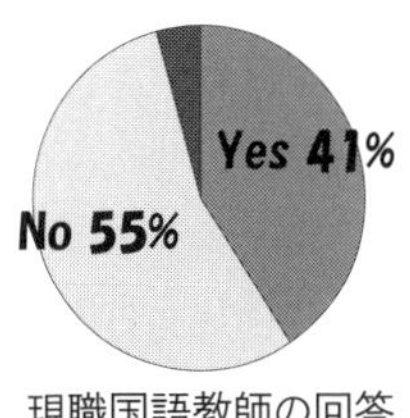

現職国語教師の回答

17
語彙・意味

様々な辞書に書いてある意味は、すべて同じですか。

辞書ごとに特徴のある記述が行われています。

『小学校学習指導要領（平成29年告示）解説　国語編』には、辞書や事典を利用して調べる活動が、数ヵ所で謳われています。急速に情報化が進展し、情報の適切な取り扱いが課題となる昨今、**辞書・事典**を利用して適切に調べる習慣を身に付けることが求められています。特に、「第４章 指導計画の作成と内容の取扱い　２内容の取り扱いについての配慮事項　◯〔知識及び技能〕に示す事項の取り扱い」には、次のように述べられています。

> 平成20年告示の学習指導要領では、第３学年及び第４学年において、「表現したり理解したりするために必要な語句について、辞書を利用して調べる方法を理解し、調べる習慣を付けること」を指導することとされていたが、今回の改訂では、６年間を通じて、児童の発達や学習の状況に応じて調べる活動を取り入れ、調べる習慣が身に付くよう、内容の取扱いとして示している。

辞書や事典の活用は、他教科と連関しながらも国語科が中心となって、ますます重要視されていくでしょう。

さて、辞書や事典で事柄を調べる指導をする際には、どのようなことに気を付けたらよいでしょうか。よく、すべて同じ辞書を教室で児童生徒に使わせている風景を目にしますが、本当にそれでよいのでしょうか。たとえば、「新聞」という言葉をいくつかの辞書で引いてみましょう。

> 社会の新しいできごとを早く知らせることを目的として定期に（おもに、毎日）発行する、大判の刊行物。　（『三省堂国語辞典［第七版］』）

〔新しいうわさ・ニュースの意〕社会の新しい出来事を速く（解説や批判などを加えて）報道する定期刊行物〔多くは、日刊〕

（『新明解国語辞典［第七版］』）

社会の出来事の報道・批判を、すばやく伝えるための、定期刊行物。多くは日刊。

（『岩波国語辞典［第八版］』）

「早く知らせる」と「速く報道する」では、「はやい」の字も異なりますし、「批判」という言葉は２社の辞書には見られますが、１社は入れていません。辞書によって、「新聞」の捉え方は異なっているのです。

また、教師が児童生徒に「家で新聞を読んでいますか」と問いかければ、単に辞書的な意味に加えて、「新聞の購読習慣があるか」、さらには、国語科の大きな柱のひとつである「『読むこと』による文章の構造と内容の把握及びその精査・解釈の作業が日常的にあるか」という意味をも内包するでしょう。場合によっては、「新聞を読む習慣を付けなければいけません」と示唆することにもなります。このように、『中学校学習指導要領（平成29年告示）』「第２章 各教科　第１節 国語」に示される、語句の「文脈上の意味」も、辞書の記述を踏まえた上で考える必要があります。

最近では、電子辞書やインターネットの事典を使う人も増えました。紙の辞書に基づいて編纂された電子辞書の信頼性はもちろん高く、インターネット事典の精度も日々向上しています。何より、何冊も辞書や事典を持ち歩くより便利ですし、最新の情報を知ることもできます。

今後は、学校教育でも紙の辞書にこだわったり、確定したひとつの意味を覚えたりするのではなく、多様な捉え方を含む多くの情報から、得たい情報を取捨選択し真偽を判断できる能力を伸ばしていくことが求められます。

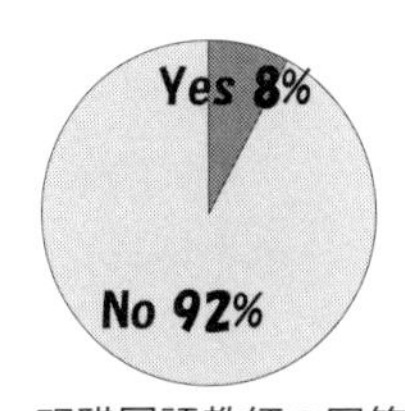

現職国語教師の回答

18
語彙・意味

形容詞と形容動詞とでは、形容詞の方が数が多いですか。

形容動詞は、様々な外来語も取り込んで数を増やしています。

日本語がどんな言語なのかを量的に知るために、私は、よく『図説日本語』という本を用います[1]。その 73 ページに、「品詞 -1　辞典見出し語の品詞別統計」として、『日本国語大辞典』の見出し語を分析したグラフがありました。それによると、名詞が 320,924 項目（73.19%）、動詞が 25,087 項目（5.72%）、副詞が 5,483 項目（1.25%）、**形容動詞**が 4,760 項目（1.09%）、**形容詞**が 4,381 項目（1.00%）で、わずかに形容動詞が形容詞を上回っていました。

日本語の「～い」で終わる形容詞は、**閉じた類**（closed class）と言われ、容易に新しい語を生成しないと言われます。たとえば、外国語の形容詞を日本語にする場合、fashionable でも heavy でも、すべて「ファッショナブルな」や「ヘビーな」のように形容動詞で受け入れます。「～い」で終わる形容詞は、1970 年代から用いられた「ナウい」など、非常に稀です。2000 年～ 2002 年に刊行された『日本国語大辞典［第二版]』に関する統計は見当たりませんが、外来語が増えていれば、その分、形容動詞の方が数が多くなっているといっていいでしょう。

形容詞の閉鎖性は、色彩語彙を見ると明らかです。日本語の**色彩語彙**は、「赤い」「黒い」「白い」「青い」「黄色い」「茶色い」だけが形容詞です。しかも、形容動詞も「真っ赤な」など、派生的な語だけです。外来語でも同じで、多くは名詞として扱われますので、「～の」の形の方が優勢です。

「現代日本語書き言葉均衡コーパス BCCWJ」より（2020 年 9 月 2 日確認）

ピンクな	9	ピンクの	928
オレンジな	0	オレンジの	151
ブラウンな	0	ブラウンの	96 （複合語を含む）

「ブラックな（仕事）」「ホワイトな（会社）」「ブルーな（一日）」など、色彩でなく抽象的な意味で用いられると形容動詞にもなりますが、色彩を表す場合には、「ブラックのポロシャツ」など、名詞＋「の」が用いられます。色彩を表す形容詞は、非常に限られているのです。

そんな中で、上記６色だけが形容詞なのは、語源が関係しています。「あかい」は「明るい」、「あおい」は「淡い」、「くろい」は「暗い」と同語源であり、そして「しろい」は、「しらじらしい」にもあるように、「明白である」という意味と関係があります。これら４つの形容詞は、奈良・平安時代から見られ、日本語の基礎的語彙と言えます。

遅れて江戸時代以降に「黄色い」と「茶色い」が加わりましたが、見た通り「色」という名詞が入っています。それでも、「緑色い」などとは言わないように、新規参入は厳しいのです。

日本語は、語を中国や西洋諸国から多く輸入してきました。しかし、原語で動詞ならば「〜する」、形容詞ならば「〜な＋名詞」の形容動詞として日本語の品詞の中に位置づけ、文法的にそれらをうまく日本語化して取り入れてきました。日本語の品詞を覚えさせるだけでなく、どのような品詞上の位置づけを工夫しているか考えてみるとよいでしょう。そうすれば、文法の勉強も、いくぶんか楽しくなります。

[1] 宮島達夫他編（1982）『図説日本語―グラフで見ることばの姿―』（林大監修）角川書店.

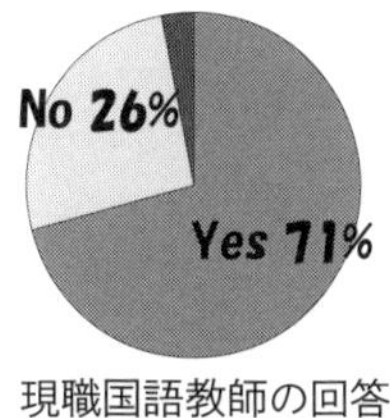

現職国語教師の回答

19
語彙・意味

慣用句や故事成語は、多用した方がいいですか。

まずは、相手に伝えたいことが確実に伝わることが大切です。

文化庁が毎年行っている「国語に関する世論調査」には、毎年多くの**慣用句・故事成語**が本来の意味で使われていないとの報告が見られます。

平成 12（2000）年度調査では、「情けは人のためならず」という故事成語を、本来の「人に情けを掛けておくとめぐり巡って結局は自分のためになる」と答えた人と、「人に情けを掛けて助けてやることは、結局はその人のためにならない」と答えた人が、ほぼ同数の 45% 台で拮抗しているという結果が公表され[1]、世間を驚かせました。平成 14（2002）年度の調査では、「流れに棹さす」が、「傾向に乗って、ある事柄の勢いを増すような行為をすること」という本来の意味では、1 割程度しか用いられていないことも公表されています[1]。

いくら本来の言い方が伝統的で正しいとはいえ、相手に伝えたいことが正しく伝わらない言い方であれば困ります。教育によって、本来的な意味を皆がしっかりと知るようにすることも大切ですが、別の言い方で相手に伝わるようにすることも重要です。

新しい意味が世間的に認知され辞書に載ることもあります。「煮詰まる」も、料理をする人ならばおいしくできあがったことを想像しやすく「十分な議論を経て結論が出る状態になる」と理解もされますが、今や、「これ以上新たな展開が望めない状態になる」という否定的意味で捉えられやすくなっています。後者を載せている辞書も増えてきています（『日本国語大辞典［第二版］』や『広辞苑［第七版］』など）。

こうなると、いくら本来はこの用法が正しいと言い張っても、もう時代遅れということにもなりかねません。何かをやろうと機会をうかがっていて、「ようし、潮時だ」と言ったら皆が撤退したというのでは困ります。他の言い方でしっかり伝えなければならないのです。

次のデータを見て、皆さんは、子供たちにどのように教えますか。

文化庁「国語に関する世論調査」[1]より（[　] 内は調査年度。太字は本来の意味）

- 「さわり」

  話などの要点のこと（36.1%）、話などの最初の部分のこと（53.3%）［平成 28 年度］

- 「ぞっとしない」

  面白くない（22.8%）、恐ろしくない（56.1%）［平成 28 年度］

- 「確信犯」

  政治的・宗教的等の信念に基づいて正しいと信じてなされる行為・犯罪又はその行為を行う人（17.0%）、悪いことであると分かっていながらなされる行為・犯罪又はその行為を行う人（69.4%）［平成 27 年度］

- 「琴線に触れる」

  感動や共鳴を与えること（38.8%）、怒りを買ってしまうこと（31.2%）［平成 27 年度］

- 「おもむろに」

  ゆっくりと（44.5%）、不意に（40.8%）［平成 26 年度］

- 「枯れ木も山のにぎわい」

  つまらないものでも無いよりはまし（37.6%）、人が集まればにぎやかになる（47.2%）［平成 26 年度］

- 「やぶさかでない」

  喜んでする（33.8%）、仕方なくする（43.7%）［平成 25 年度］

慣用句や故事成語は、伝わる範囲で用いることが大切です。

[1] 文化庁「国語に関する世論調査」https://www.bunka.go.jp/tokei_hakusho_shuppan/tokeichosa/index.html

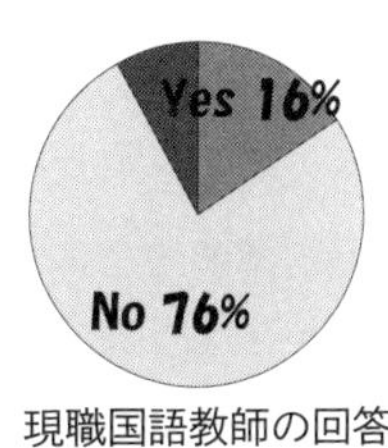

現職国語教師の回答

「ワンタン」は、外来語ですか。

学習指導要領では、中国語から入ってきた語は外来語と位置づけていません。

『中学校学習指導要領（平成29年告示）解説　国語編』第3学年には、**語種**に関して次のような記述があります（下線は筆者）。

> 1〔知識及び技能〕
> (1) 言葉の特徴や使い方に関する事項
> (1) 言葉の特徴や使い方に関する次の事項を身に付けることができるよう指導する。
> 　イ　理解したり表現したりするために必要な語句の量を増し、慣用句や四字熟語などについて理解を深め、話や文章の中で使うとともに、和語、漢語、外来語などを使い分けることを通して、語感を磨き語彙を豊かにすること。
>
> （中略）和語、漢語、外来語の中の和語とは古くから日本で使われてきた語を、漢語とは漢字の音を使った語を、外来語とは中国語以外の外国語から日本語に入ってきた語を指す。話や文章で表現する際に、機を捉えて和語、漢語、外来語の使い分けを考えるなどして、微妙な言葉の違いについて知り、語感を磨くことが重要である。

中国語は、古代から常に、日本語に対して影響を与えてきました。仏教伝来以前にも、漢字も中国語も入ってきていましたし、仏教とともに朝鮮半島経由で語彙が入り、さらに、平安時代には遣唐使が中国西部の長安（現在の西安（シーアン））から大量の語彙をもたらしました。その後は、遣唐使の廃止とともに中国からの文化伝来は途絶えたようにいわれますが、実際には、鎌倉・室町時代、禅宗の僧侶や商人が伝えた唐宋音もあれば、その後、江戸時代にも明や清から漢字語は入ってきました。上の記述によれば、これらは、すべて**外来語**ではありません。

しかし、同じく中国語を起源としている「ワンタン」「ギョーザ」や「マージャン」などは、「雲呑」「餃子」「麻雀」など、漢字で書くこともできますが、明らかに漢字音とは異なります。そのため、片仮名で書くのが一般的です。日本語の語彙の基礎をなす「漢語」は、最大限広く採っても唐宋音までで、上記３語は外来語と呼んだ方がしっくりきます。事実、これらの言葉を辞書で引くと、「中国語から」との表記が記されています（「ラーメン」の語源も諸説ありますが、『日本国語大辞典［第二版］』では、「中国語から」としています）。江戸時代以降に中国語から入った言葉は、すでに外来語と言ってよいでしょう。

さらに、明治時代に日本で漢字を用いて作られた和製漢語もあります。明治政府の官僚であり哲学者の（西周）などは、「概念」、「現象」、「理想」、「本能」など、漢字を組み合わせて日本独自の単語を作りました。日本で作られ中国語となった「漢語」もあるのです《⇨ **4**》。

このように、和語、漢語、外来語の語種は、簡単には区別できない点もあります。では、なぜ、『学習指導要領』では語種の区別を重要視するのでしょうか。それは、一般に、和語は平易で理解しやすい概念を示すのに対し、漢語は厳密な意味を有する高級語彙が多いなど、文体差があるからです。また、漢語には同音異義語も多くあります。格調高い文章を書くためには漢語を用い、日本語がまだ十分でない外国人に対しては和語を中心に話すなどの使い分けも必要です。また、概念が明確でない外来語を多用することは、理解を妨げる可能性もあります。

語種によってコミュニケーションでの理解度も変わる。相手に合わせて適切な語句を選択するにも、語種を考えることは重要です。

「ラーメンは外来語ですか」

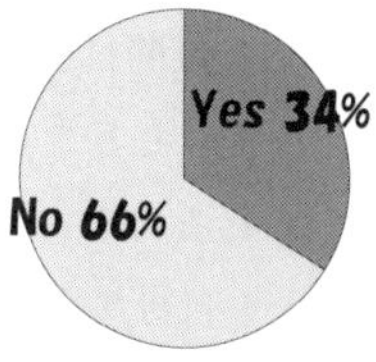

Yes 34%

No 66%

現職国語教師の回答

21
発音

日本語の「ウ」の発音は、英語と同じく唇を丸めますか。

日本語の共通語の「ウ」は、唇を丸めない非円唇音です。

日本語における「コミュニケーション」の発音は、英語の communucation [kəmjùːnəkéiʃ(ə)n] と 3 つの点で異なります。

まず、「ミュ」の音です。日本人が英語を話すときに苦手な音はたくさんありますが、母音の中では「ウ」の音が苦手です。え？　日本語も英語も「ウ (u)」は「ウ (u)」でしょって？　そんなことはありません。英語の [u] が唇を丸める音（**円唇音**）であるのに対し、日本語はそれほど唇を丸めない音（**非円唇音**）のウ [ɯ] を用います。特に、英語では、アクセントのある [u] が唇を丸く突き出して明瞭に発音されますが、この母音の違いに気がついていない人も多くいます。

次に、「ケー」の部分に着目すると、日本語では、長い母音 [eː] を含む音節ですが、英語では**二重母音**の [ei] が含まれています。日本語では、「英語」も「時計」も、「エーゴ」「トケー」と読むことが多く、しっかりと読むという意識がある場合に「エイゴ」「トケイ」と読まれるのみです。NHK でも、長い母音の [eː] を基準としています[1]。

同様のことが、「オー」でも言えます。英語の coat と caught は、発音が [kout] と [kɔːt]（[ɔ] は広い「オ」）と異なります。しかし、日本語では「通り」も「党利」も（はたまた、俳優の松坂桃李さんの名前も）、「トー」という**オ列の長音**を含みます。平仮名で「とうり」と書いても、発音は「トーリ」。平仮名表記は、必ずしも発音と一致しません。

最後の難関は、語末の「ン」と n の発音です。日本語で「コミュニケーション」と言ったときの最後の口の形を見てみてください。日本語では、口を開いたままであるのがふつうです。一方で、英語における語末の n は、しっかり歯茎に舌先を付けて発音する [n] ですので、唇は閉じなくとも、口が大きく開いたままということはありません。

このように、日本語の「コミュニケーション」と英語の communication とでは、母音が 2 箇所、子音が 1 箇所、大きく違うのです。

ある言語で用いられる音は、それぞれに発音の基準となる音があります。それを、言語が異なると、知らず知らずのうちに近似の音で代用してしまいます。『小学校学習指導要領（平成 29 年告示）解説　外国語活動・外国語編』「中学年の外国語活動の導入の趣旨と要点」には、「日本語と英語の音声の違い」などに注意する旨、書かれています。具体的には、第 3 学年及び第 4 学年で、「日本語のミルク (mi-ru-ku) は 3 音節であるが、英語の milk は 1 音節である」ことや、fox を例に「日本語にはない /f/ や /ks/ の音に触れたり、慣れ親しんだりする」ことが挙げられています。また、第 5 学年及び第 6 学年では、日本語の発音にない「cat の母音や math の th の子音」とともに、「singer や six, easy などの語の /si/ や /zi/ を、日本語の「し」や「じ」と同じように、/ʃi/ や /dʒi/ と発音しない」ことなどにも注意を促しています。

しかし、この場合にも日本語の発音を正しく知らなければ、正確な英語の発音指導もできません。まず、日本語の発音の特性を正確に知ることが肝要です。

[1] NHK 放送文化研究所編（2016）『NHK 日本語発音アクセント新辞典』pp.(15)-(16).

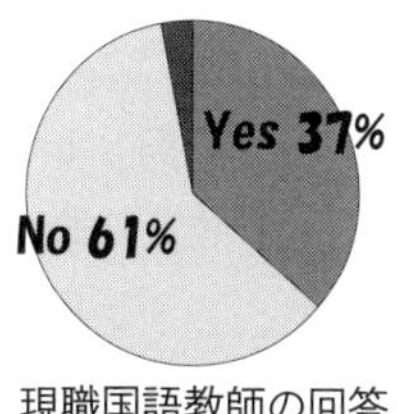

現職国語教師の回答

22

発音

ガ行音を鼻にかけて発音する鼻濁音は、使った方がいいですか。

現代の日常会話では、無理に使う必要はありません。

鼻濁音とは、ガ行音のやや鼻にかかった音のことで、東京の年配の方はこの発音を用いることが、一昔前まで一般的でしたし、「きれいな発音である」との評価もなされてきました。そのため、国語教育でも、鼻濁音を使うべきだという声がいまだに聞かれます。

NHKでは、戦前からアナウンサーの採用試験で、このガ行鼻濁音を厳しく判定していました。昭和11（1936）年の放送用語並発音改善調査委員会の資料によると、ガ行鼻濁音の発音法則は、以下の通りとなっています（紙幅の都合で主だったもののみを挙げ、例を一部省く）[1]。なお、鼻濁音は、片仮名に半濁点「°」を付し「ガ°」「ギ°」「グ°」「ゲ°」「ゴ°」などと表します。

一．語頭においては、原則として〔ガ〕行音に発音する。
二．助詞の「が」は〔ガ°〕と発音する。
　「が」を承前の副詞として用ひる場合でも〔ガ°〕と発音する。
　「ケ」も濁る場合は〔ゲ°〕と発音する。
三．語間においては、原則として〔ガ°〕行音に発音する。
四．「カキクケコ」の連濁は原則として〔ガ°〕行音に発音する。
五．数詞の「五」は、原則として常に〔ゴ〕と発音する。
　但、概数として「四五」といふ場合は次の通り（註：鼻濁音で）発音する。
　又、九九の呼声は次の通り（註：鼻濁音で）発音する。
　名詞として用ひられる「十五夜」「七五三」等は次の通り（註：鼻濁音で）発音する。
六．カナ四字（又は六字）から成る擬声語では、語間でも〔ガ〕行音に発音する。

七．（略）

八．複合語中、意味上よりする心理的ポーズのある場合は、語間でも〔ガ〕行音に発音する。（例）オンガクク・ガッコー（音楽学校）ローア・ガッコー（聾啞学校）（以下略）

しかし、現在では、どれほどのNHKアナウンサーが、この原則通り発音しているでしょうか。年配のアナウンサーでも、鼻濁音はさほど聞かれません。衰退しているといってよいでしょう。また、『小学校学習指導要領（平成29年告示）』及び『同 解説　国語編』、『中学校学習指導要領（平成29年告示）』及び『同 解説　国語編』には、「鼻濁音」という用語は見られません。国語科で鼻濁音を教える必要もないわけです。

また、地域差もあり、もともと鼻濁音が聞かれない地域もあります。九州地方や中国地方では、広く鼻濁音が用いられませんし、関東にも鼻濁音がない地域があります[2]。これらの地方の方の中には、アナウンサーが鼻濁音を用いると、かえって嫌がられることもあるようです。

このように、日常生活で鼻濁音を使うことはほとんどありません。しかし、音楽の歌唱では、鼻濁音はまだまだ重要です。『小学校学習指導要領（平成29年告示）解説　音楽編』では、すべての学年において、「母音、子音、濁音、鼻濁音などに注意して歌うことができるよう指導することが大切である」（第1学年及び第2学年の目標と内容）などとあります。

現代では、「ショーガッコー」と言おうと「ショーガッコー」と言おうと、意味が違うわけではありません。歌唱という芸術分野を除けば、鼻濁音の指導に神経質になる必要はないのです。

[1] NHK放送文化研究所『放送研究と調査』2017年4月号、pp.61-62.

[2] 国立国語研究所『日本言語地図』第1図. https://mmsrv.ninjal.ac.jp/laj_map/

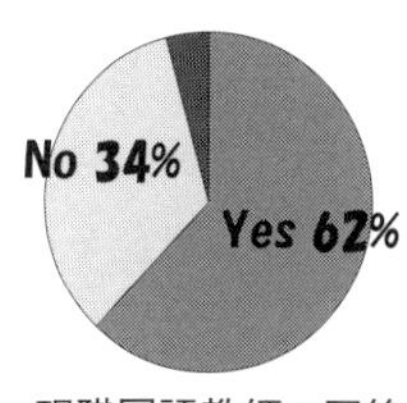

現職国語教師の回答

23 発音

「じしん」と「かじ」の「じ」の発音は、同じですか。

「じしん」の「じ」は、上顎に舌が付いていますが、「かじ」の「じ」は、上顎に舌がつきません。

言語ごとに、意味の区別に関与する音（**音素**）としない音（**異音**）は異なります。たとえば、英語で区別される /r/ と /l/ という音は、日本語では異なる音とは認識されず、結果、'right' と 'light' を区別する表記もありません。/v/ と /b/ に関しても、たしかに、'violine' を「ヴァイオリン」などと書いて /v/ の発音を区別しようと努めてはいますが、球技の「バレーボール (volleyball)」と踊りの「バレー (ballet)」が明確に区別されることはふつうありません。日本語では、/r/ と /l/ も、/v/ と /b/ も、意味の区別に関与しない異音にすぎないのです。

実際の発音は違っているのに、同じ音であると認識している音もあります。「じしん」と単独で言う場合、最初の「じ」の音は、舌先が歯茎に付く音（**破擦音**）ですが、「かじ」の「じ」は付きません（**摩擦音**）。日本語の「じ」の音は、2種類あるのですが、ふつうの日本人は気がつきません。一方、英語では、bri*dg*e [brídʒ] や ori*g*in [ɔ́ːrədʒin] の 'dg' や 'g' は破擦音ですが、日本人は明確に舌先を上顎に付けないで発音することがあります。逆に、zero [ziroʊ] の語頭音を、日本人は語頭音を上顎に付け破擦音で発音します。日本語の「じ」は、「じしん」のような語頭と「さんじ」のような「ン」の後では破擦音、「かじ」のような語中では摩擦音という、出現環境で微細な違いが生じる異音なのですが、これを日本語話者は同じ音として捉えています。

『中学校学習指導要領（平成29年告示）解説　外国語編』には、「音声指導に当たっては、日本語との違いに留意しながら、発音練習などを通して2の(1)のアに示す言語材料を継続して指導するとともに、音声指導の補助として、必要に応じて発音表記を用いて指導することもできることに留意すること。また、発音と綴りとを関連付けて指導すること」とあります。日本語で区別されない英語の音を教える場合には、綴りと同時に発音記号などを適宜用いて明確な発音の差の認識を育てることが必要です。

このように書くと、英語と比較して日本語は区別する音が少ないように思われるかもしれませんが、実際には、日本語にあって英語にない区別もあります。それは長母音です。英語を母語とする人は、「高校」と「ここ」の区別が明瞭ではないことがあります。英語では、長母音と短母音を区別しないのです。ただし、言語音としての区別の多さと言語の優劣とは無関係ですので注意が必要です。日本語には日本語独自の仕組みがあることは、特に、国語の先生が明確に子供たちに伝えなければならない事項であると考えています。

さて、細かく言えば、言語音はさらなる違いもあります。たとえば、日本語でラ行音は、ローマ字の 'r' を用いて書き表しますが、英語の 'r' とは異なります。アメリカ英語の 'r' の発音は、上顎に付けない母音に似た接近音と呼ばれる [ɹ] ですが、日本語のラ行音は、特に語中で、一回上顎を軽くはたく弾音（だんおん）と呼ばれる [ɾ] です。日本語のラ行は、語頭の場合、上顎にもう少ししっかり付きますので、英語の right などは、むしろ、小さく「ゥ」と入れて「ゥライト」と言った方が近く感じられます。

また、『小学校学習指導要領（平成 29 年告示）解説　外国語活動・外国語編』「第 1 部 外国語活動　第 2 章 外国語活動の目標及び内容　第 2 節 英語　2 内容」〔第 5 学年及び第 6 学年〕〔知識及び技能〕「(1) 英語の特徴やきまりに関する事項　ア 発音」において、「/si/ や /zi/ を、日本語の「し」や「じ」と同じように、/ʃi/ や /dʒi/ と発音しないように注意する必要がある」と述べられていますが、厳密には、日本語の「し」と、英語の she というときとでは、摩擦のしかたに違いがあります。個々に異なる言語音をマスターするには、実際の音声を聴くのと同時に、舌の位置や調音の方法がどう異なるのかを理解することも大切です。その際にも、まずは、日本語の音をよく知ることが肝心です。

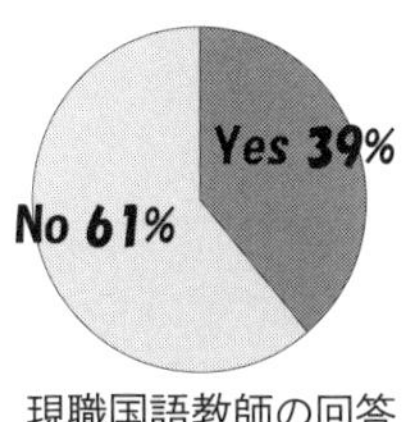

現職国語教師の回答

24
発音

「橋」と「箸」は、イントネーションが違いますか。

「橋（ハ$\overline{\text{シ}}$）」と「箸（$\overline{\text{ハ}}$シ）」では、アクセントが異なります。

ひとつひとつの音を越えて変化する音の高さの特徴を**韻律**（いんりつ）**特徴**といいます。韻律特徴には、いくつかの種類が存在しますが、その中で混同しやすいのが**アクセント**と**イントネーション**です。

アクセントとは、語の区別に関わる韻律特徴です。「橋」は、最初の音よりも２番目の音の方が高く感じられます。さらに、「橋が」と言えば、助詞の「が」で下がりますので、これを尾高型アクセントといいます。一方の「箸」は、最初が高くて２番目が下がりますので、頭高型アクセントといいます。

アクセントが異なると語が異なることから、アクセントは語に関する韻律特徴といえます。このことは、『小学校学習指導要領（平成 29 年告示）』「第２章 各教科　第１節 国語」にも明示されています。第１学年及び第２学年の「知識及び技能」において、「アクセントによる語の意味の違いに気付く」（下線は筆者）ことが挙げられています。「橋」と「箸」（それに「端」）は、アクセントが異なるのです。

イントネーションは、語の特徴ではありません。文全体で疑問文では上がり、平叙文では自然下降することで、文の発話意図を示す音の高さの特徴（韻律特

徴）が、イントネーションです。また、文中で、文が続いていることを表すイントネーションもあります。イントネーションは、日本語で「抑揚」といわれることもあります。

国語科の『学習指導要領』には、現在もこれまでも、イントネーションに関する明確な記述はありませんが、『小学校学習指導要領（平成 29 年告示）解説　外国語活動・外国語編』には、平叙文や命令文、wh- 疑問文（疑問詞疑問文）で下降調のイントネーションを採る反面、「yes-no 疑問文や言葉を列挙するとき」に上昇調のイントネーションが見られると、詳細な記述があります。日本語と異なるのは、英語では wh- 疑問文において下降調のイントネーションを採るということです。

このように、アクセントとイントネーションは、明確に区別されています。学校で教える場合全般に、教科ごとに食い違いのない明確な区別が求められます。

ただ一方で、別の箇所《⇒ **83**》でも述べますが、今回の改訂で、方言の尊重が『中学校学習指導要領（平成 29 年告示）解説　国語編』に明確に盛り込まれました。とすると、関西方言で、共通語とはまったく逆のアクセントを採る「橋」と「箸」などは、どう教えたらいいのでしょうか。『中学校学習指導要領（平成 29 年告示）解説　国語編』では、「共通語」を教えることが明記されていますが、実際の教室では、その地の方言アクセントで国語を含め授業が行われていることがほとんどです。教科書教材も方言で読まれます。これらを否定することは、方言の否定に他なりません。

肝心なことは、文章の中での区別です。その文章の中で、「橋」と「箸」とが、別の意味で捉えられるアクセントという韻律特徴をもっていることが大事なのです。

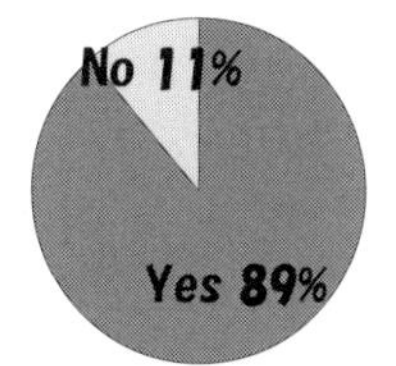

現職国語教師の回答

「アマイ」を「アマイ」と読むのは間違いですか。

「アマイ」は、新しく『NHK 日本語発音アクセント新辞典』にも見られるようになった型であって、間違いではありません。

日本語には、標準的なアクセントを定めている機関はありません。その代わりに、標準的とされるアクセントを知るときにもっとも頻繁に参照されているのが、NHKのアクセント辞典です。平成28（2016）年、そのNHKのアクセント辞典が改訂されました。昭和18（1943）年の最初の辞典から数えて6代目となる『NHK日本語発音アクセント新辞典』では、いくつかの大きな改訂がなされています。

見た目でわかる大きな違いは、**アクセント**を示す記号の違いです。初代と2代目（昭和26（1951）年）の辞典では、「アオイ」と、音調の高い部分に線が引かれていました。それでは、「花」のような尾高型と「鼻」のような平板型の区別がわかりにくいとして、3代目（昭和41（1966）年）から5代目（平成10（1998）年）までは、「アオイ」のように、下がり核を明示するようになりました。さらに、今回、「アオ＼イ」のように下がる音節のみを示すように変更になったのは、共通語では上がり目が語の弁別に関わる本質的特徴でないためです（以降、新しいアクセント表記で示します）。

さて、このような表記の変更の他、毎回、各語のアクセント自体も、少しずつ、新しく改訂されています。たとえば、「熊」は、これまで「クマ＼」と尾高型のみでしたが、今回の『NHK日本語発音アクセント新辞典』では、「ク＼マ」のような最初の音節が高い頭高型も共通語として認知されました。このような新しいアクセントの辞典への採用は、今回だけのことでなく、これまでもありました。「赤とんぼ」や「鬼ヶ島」は、古い頭高型アクセントが、3代目となる昭和41（1966）年刊行の『日本語発音アクセント辞典』以降、記載されなくなるなど、アクセントの変化が起こったことがうかがえます。

同様に、これまで、共通語としては、3音節形容詞は、原則、平板型の「赤い」類と中高型の「青い」類が区別されていましたが、今回の改訂では、両方のアクセントで実現されるものも多く掲載されるようになりました。たとえば、「甘い」は、5代目となる平成10（1998）年刊行の『日本語発音アクセント辞典［新版］』には平板型だけでしたが、今回の『NHK日本語発音アクセント新辞典』には、「アマイ￣ マ」のように記載され、平板型に加えて「マ」にアクセント核のある中高型も併記されました。

アクセントは常に変化をするものです。語の意味を違えなければ、それほど神経質にならなくてもよいといえます。

『中学校学習指導要領（平成29年告示）解説　国語編』との関連でいえば、今回の改訂で多くの記述が盛り込まれた方言の尊重《⇒ **83**》と、『NHK日本語発音アクセント新辞典』の方針とは、軌を一にする部分があります。それは、地方アクセントの記載です。この最新版には、地元放送局のアクセントが記載され、地元のニュースで活用されています。

東京のアクセントに合わせて発音しなければならなかったのは、すでに過去のこと。語を文脈において確実に区別することに注意し、「橋」と「箸」と「端」、「鼻」と「花」、「紙」と「神」、「桃」と「腿」など、いくつかの単語が誤って伝わらないよう気をつけることが第一で、個々の語のアクセント型を厳しく指導する必要はないといえるでしょう。

アクセントでより重要なのは、語の区切りの明確化です。「ト＼ヤマエ／キマ＼ツリ」と読むと、富山市（県）で行われる「駅の祭り」となりますが、「ト／ヤマエキマ＼ツリ」と読むと「富山駅」だけでの祭りという意味になります（「／」は音の上がり目を示す）。どこで語の意味が区切れるのかを明確にすることが、アクセントのもつ、より注意しなければならない特徴なのです。

より正しく伝えることを目的に、アクセントの教育を行っていきましょう。

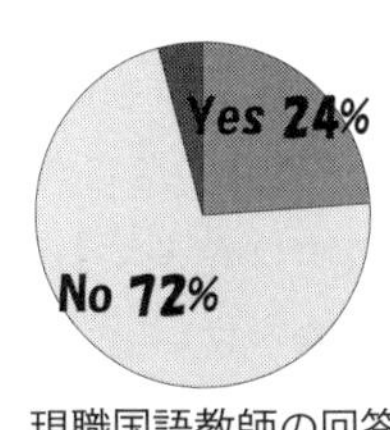

現職国語教師の回答

発音

26

発音

どんな文も、最後まではっきり発音する方がいいですか。

際立たせたい箇所を適切に際立たせることが重要です。

日本語は、文の要となる動詞などの述部が、文末に来る言語です。そのため、最後の部分の発音を明瞭にすることは、文意を明確に伝えるために必要なこととして重要です。『小学校学習指導要領（平成29年告示）解説　国語編』には、この明瞭な発音の基礎として、姿勢や口形に留意した発音・発声指導が明記されています。

しかし、小学校低学年でこのような指導がなされた後、いつまでも文全体を通して明瞭な発音をしていると、かえって棒読みの印象を与えることになります。なぜならば、文には、意味的に際立たせたい箇所が存在し、そこに**音声的卓立（プロミネンス）**を置くからです。

文全体を明瞭に同じ高さで述べると、このプロミネンスが目立たなくなります。人間は、発声しはじめの文頭に比べて、後の方では音声が弱まり、自然に低い音を発音しようとする生き物です。そのため、自然下降調イントネーションで発音することは、より自然な発音と言えます。

たとえば、「ここに、パンダがいますか」という発話を、疑問文として発する場合、「パンダが」や「いますか」をはっきり言い過ぎると、「そんなはずはないのに」という疑いの文になってしまいます。他の部分を自然に下降させ、最後の「か」だけを切り離して少し上げて発音すると、自然なyes-no疑問文となるでしょう。プロミネンスは、むやみやたらと置かないものです。

文意を違えるプロミネンスもあります。「花子は、ソフトクリームを食べながら、隣で笑う太郎を見た」という文は、「隣で」という部分をはっきり言うことで、「隣」の前に文の切れ目が生じます。このとき、「ソフトクリーム」を食べているのは花子であるという解釈になります。逆に言えば、「太郎がソフトクリームを食べている」という解釈の場合、「隣で」という文節を周囲の文節よりも高く明瞭に発音してはいけないのです。

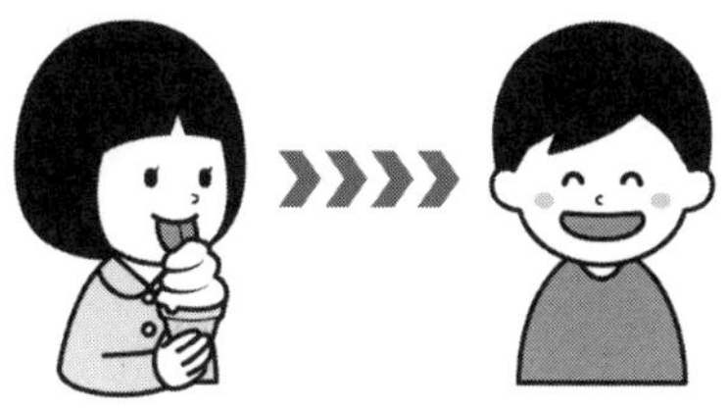

ハナコワ　ソフトクリームオ　タベナガラ　**トナリデ**　ワラウ　タローオ　ミタ

ハナコワ　ソフトクリームオ　タベナガラ　トナリデ　ワラウ　タローオ　ミタ

このように、はっきり発音することは、文の解釈に異なりも生じさせますので、より長い文を学ぶ小学校第３学年・第４学年以上では、文意を適切に表現するために適切な音声を学ばなければなりません。あくまで、最後まで明瞭に発音することは、ひとつひとつの音の出し方（調音）を明瞭にするということであり、音の高さは、特定の文節に焦点を当てたり、文節間のかかり方を変えたりするために、音声的卓立（プロミネンス）が必要である場合を除いて、自然に下降するように発音することが大切です。

現職国語教師の回答

実際に、「。」は２拍、「、」は１拍空けて発音していますか。

「。」より長い「、」、「、」より短い「。」もあります。

日本語の「、」（読点）と「。」（句点）を合わせて、**句読点**といいます。しかし、これまでの『小学校学習指導要領』においては、書くときの句読点の打ち方ばかりが記述され、句読点を実際にどう読むかについては、何も記されてきませんでした。

各市町村の教育委員会の中には、ホームページ上で「読点は１拍、句点は２拍空ける」という指導を載せているところもありますので、現実には多くの学校でこのような指導がなされているのでしょう。

しかし、実際には、この通りにならないことも少なくありません。文部科学省では、海外子女教育情報として、音読・朗読の指導情報を公開しています[1]。そこに、「切らないテン」についての情報が見られます。

文部科学省「CLARINETへようこそ」
補習授業校教師のためのワンポイントアドバイス集
7　音読・朗読
7-13　読み方の指導　5- 切らないテン

1. 物語／小説の場合は、「切らずに続けて読むテン（読点）」を設けることが大切である。
2. 読点（とうてん）は、目で読むときの読みやすさや誤読を防ぐために打たれている場合もある。したがって、音読／朗読をするとき忠実に切る必要はない。
3. 読点・句点・段落の変わる部分でとる間（ま）は、次の３段階になる。
   ○大きい間
   ○小さい間
   ○間をとらない

「目で読むときの読みやすさや誤読を防ぐために打たれ」る点というのは、「あの店にはがきを買いに行った」のようなものです。やはり、「あの店に」の後に読点があった方が読みやすいでしょう。間があるから読点が打たれるというわけではないのです。間の置かれる読点とは、長い主題の「は」の後や、接続詞の後、また、接続助詞の後などです。

では、句点は常に２拍間を空けた方がいいのでしょうか。アーノルド・ローベル著、みき・たく訳の「お手紙」では、かえるくんの動きを、「かえるくんは、大いそぎで家へ帰りました。えんぴつと紙を見つけました。紙に何か書きました。紙をふうとうに入れました。ふうとうにこう書きました。」という箇所があります。単文が「た」で連続して述べられるこの場面を、いちいち句点で２拍空けていたら、間延びしてしまいます。逆に、最後の場面で、「待っていました。」が連続する箇所では、持続を表す「〜ている」が含まれ、また改行もありますので、２拍以上間を空けた方がよいでしょう。

文末形式には、時間の流れの緩急が表されます。原則は、読点が１拍、句点が２拍でよいのですが、それにとらわれすぎずに、物語の流れに沿った読み方ができるようにしたいものです。

[1] 文部科学省「CLARINET へようこそ　7 音読・朗読」https://www.mext.go.jp/a_menu/shotou/clarinet/002/003/002/007.htm

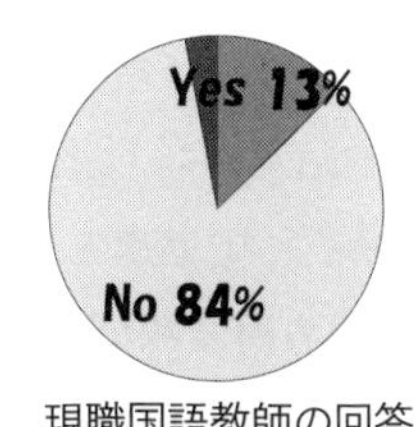

現職国語教師の回答

28

発音

日本語は、英語よりも発音の周波数が全般的に低いですか。

同じ母音を計測すれば、平均値としてそれほどの周波数の違いは見られません。

英会話教材の宣伝文句に、「日本語は**発音の周波数**が低く、英語は高い。だから、日本人の耳には英語の発音が聞こえない」というようなことが書かれていたり言われていたりします。これはどういうことなのでしょうか。

声の高さは、声帯で作り出される音の周波数によって変わります。声帯をより張って高い周波数の音を出せば高い声が出ます。反対に、声帯を緩めて低い周波数の音を出せば低い声が出ます。ギターなどの弦の楽器と同じ原理です。

おおよそ、人間の産声の周波数は440Hz、つまり、1秒間に440回振動する音です。成人女性は、それよりもやや低い220Hzあたりの音域で話します。一方、成人男性は、さらにそれよりも1オクターブ近く低い131Hzあたりの音で話すといわれています[1]。男女でも、これだけの周波数の差があります。

一方、日本人女性は、外国人女性から見ると、やや高い声を出すことが多いといわれます[2]。まるで子供が話をしていると聞こえることもあるようです。ということは、日本語で話すときの周波数は全般的に高いのではないでしょうか。

実は、「日本語の周波数が低い」という場合の「(言語の)周波数」とは、様々な音の平均値をいうようです。しかし、この平均値はどのようにして得られるものなのでしょうか。日本語のように母音で終わる音節(**開音節**)の多い言語は、上に挙げた、母音の発音の周波数が出やすいのですが、英語のように、'cat'や'tap'のように子音で終わる音節(**閉音節**)と呼ばれる音節が多い言語では、そもそも語末の[t]や[p]のような閉鎖音に「周波数」と呼べるものは存在せず、同じ方法で「周波数」を比較することはできません。一方、摩擦音の[s]や[ʃ]は10,000Hz以上の周波数域の音も出ていますので、'boss'や'cash'のような単語が一定程度あると、平均周波数はどうしても高く出てしまいます。これが、「英語の周波数が高い」ということのようです。

日本語の方が英語より周波数が全般的に低い。これは、言い換えてみれば、日本語と英語とでは、母音と子音の比率が違うというだけのことで、それは、音節構造が違うというだけのこと。当たり前だという気もします。

そうは言っても、たしかに、英語で用いられるような語末の子音は、日本人にとって聞こえにくいものです。周波数の違いに着目した市販の教材には、それぞれこの苦手な点を克服しようという仕組みがなされているので、効果の現れる人もいるのでしょう。ただし、効果の現れ方には個人差もあるようなので、すべての人に英語の飛躍的上達が見込めるということでないことはお断りしておきます。

それよりも、スペイン語、ポルトガル語のような、日本語に似た開音節の多い言語が国際語になっていたら、日本人ももっと躊躇なく国際舞台に出て行けたかもしれません。

発音

[1] 米山文明（1998）『声と日本人』平凡社、pp.53-55, p.90.
[2] 山﨑広子（2018）『声のサイエンス―あの人の声は、なぜ心を揺さぶるのか―』NHK出版、pp.71-75.

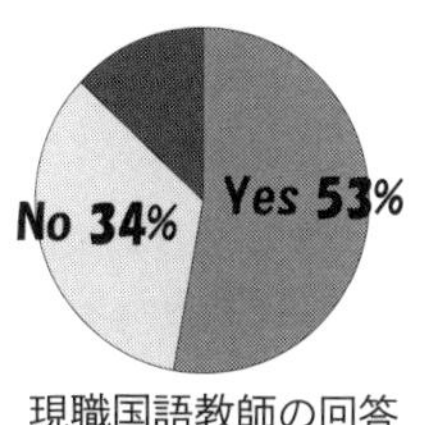

現職国語教師の回答

29 発音 音読は、国語の勉強に役立ちますか。

音読は、脳全体の活性化に役立ちます。

「図書館では本を読まないでください。」

こういう張り紙がしてあったら、どう感じますか。実は、明治時代まで、本を読むと言えば**音読**がふつうで、当時の図書館では、このような張り紙がなされ音読が禁じられていたそうです[1]。

しかし、これは学力向上を考えれば、残念な措置でした。音読をしていた方が、学力はもっと向上していたかもしれません。

音読が脳を活性化させるという話については、脳科学者の川島隆太氏[2]が、機能的 MRI で測定し、科学的に論じています。その結果から、川島氏は、「音読ほどに脳全体を活性化する作業を見たことがありません」とまで述べています。川島氏は、小学生を対象にして、音読と記憶力・空間認知力との関係も測定し、2分間「音読をしたあとには、音読をしなかった場合に比べて、記憶力や空間認知力が 20～30% も増加する」ことも発見しています。この結果を見る限り、音読は国語だけでなくすべての勉強に役立つと言ってよいでしょう。

さて、『小学校学習指導要領（平成 29 年告示）解説　国語編』における記述は、次の通りです。

> 第 2 節　国語科の内容
>
> 2〔知識及び技能〕の内容
>
> ⑶　我が国の言語文化に関する事項
>
> ◯ 伝統的な言語文化
>
> 第 3 学年及び第 4 学年
>
> ア　易しい文語調の短歌や俳句を音読したり暗唱したりするなどして、言葉の響きやリズムに親しむこと。

第５学年及び第６学年

ア　親しみやすい古文や漢文、近代以降の文語調の文章を音読するなどして、言葉の響きやリズムに親しむこと。

中学校第１学年

ア　音読に必要な文語のきまりや訓読の仕方を知り、古文や漢文を音読し、古典特有のリズムを通して、古典の世界に親しむこと。

ここに挙げた項目では、文語調の文章に限定していますが、先のような実験結果からいえば、もっと広く音読は行われるべきでしょう。

さて、音読には、様々な形態があります。文部科学省の海外子女教育向け情報「CLARINET へようこそ」[3]には、一斉読み、円陣読み、共(とも)読み、追いかけ読み、一文読み、段落読み、分担読み、役割読み、拡大語読み、速読み、唇読み、微音読み、指さし読みの13種が示されています。単調にならないよう、様々な形態を織り交ぜて楽しい音読授業を行いましょう。

[1] 大阪府立中之島図書館「おおさかページ　明治の読書文化」https://www.library.pref.osaka.jp/nakato/shotenji/34_mdoku.html

[2] 川島隆太・安達忠夫（2004）『脳と音読』講談社、pp.37-38.

[3] 文部科学省「CLARINET へようこそ　7 音読・朗読」https://www.mext.go.jp/a_menu/shotou/clarinet/002/003/002/007.htm

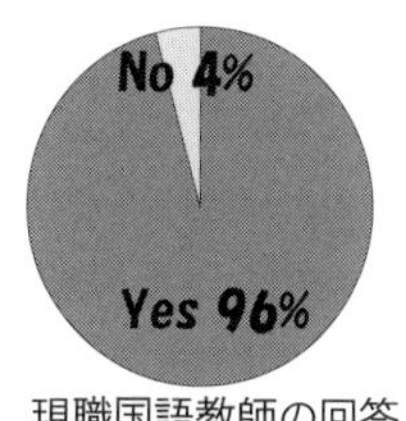

現職国語教師の回答

30
発音

「満員」を「マーイン」と発音してもいいですか。

同音異義語が増えると語と語の区別がわかりにくくなりますので、発音の区別をした方がよいでしょう。

「ん」の発音は、後ろに来る音によって様々に変化します。「さんばい」や「さんまい」のように後ろに唇の音が来る場合には [m] の音、「さんだい」や「こんな」のように後ろに歯茎の音が来る場合には [n] の音、「さんがい」や「さんこ」のように後ろに喉の奥の音が来る場合には [ŋ]（ンク゚）の音になります。このように「ん」の発音は、出現環境によって変わる音（**環境異音**）ですが、いちばん難しいのは、母音の前の「ん」の音です。

母音とは、口腔内に閉鎖や狭めなどの阻害を作らないで発音する音です。その前に置かれる「ん」も、上顎に舌を付け発音を安定させることができませんから、母音を鼻に振るわせるだけの音となります。この鼻にかかった母音、すなわち**鼻母音**が難しいのです。最近、この鼻母音を正確に発音できない子供が増えています。それどころか、教員養成学部の学生にも、発音に難しさを感じる学生もいます。日本語全体に鼻母音が衰退しているのです。

鼻母音が衰退すると、「満員」や「原因」が「マーイン」「ゲーイン」となります。「マーイン」は、まだ混同する言葉がありませんが、「店員」と「定員」の区別がなくなり、どちらも「テーイン」となると理解に苦しみます。また、「原因」も「鯨飲」と同じ発音になります。区別がなくなるというのが問題なのです。

ただ、発音の変化は、現代に限ったことではなく、区別される音は、外来音の流入による増加を除けば、常に減ってきました。室町時代から江戸時代にかけては、「じ」と「ぢ」、「ず」と「づ」の区別がなくなりました《⇨ **32**》し、平安時代初めにはア行の「え」とヤ行の「え」が同じ音になったと考えられています。さらに、歴史的仮名遣いでは書き分けられる「あう」と「おう」の発音の区別なども、室町時代以降になくなったと言われています。たとえば、「湯治」(歴史的仮名遣いで「たうぢ」)と「冬至」(同「とうじ」)は、室町時代には異なる発音でしたが、現代では、一部の方言を除いて同じ音です。

このように、音は次第に区別されなくなっていくものなのです。

一方、発音が増えるのは、外来語が入ってきたときです。仏教とともに、仏典が書かれた漢字音から拗音と撥音の「ん」が日本語に入ってきましたし、明治時代には /v/ や /f/ など多くの音が入ってきました。とはいえ、「バレー」と「ヴァレー」が発音で区別されることはめったにありません《⇨ **23**》し、「不安」と「ファン」は、若い人には区別されますが、区別しない世代もあります。日本語になかった音が定着するには、なかなか時間がかかったり、そもそも取り入れられて語の区別に活用される音にならなかったりするようです。

そのような変化を認めた上で、現代生じつつある音声の変化に消極的な理由は、音の区別は語の区別だからです。日本語は、ただでさえ、音節数が少ない言語です。「貴社」「記者」「汽車」「帰社」など、同音異義語も多くあります。はっきり発音をして同音異義語を増やさないようにすることが、正しく伝えるコツなのです。

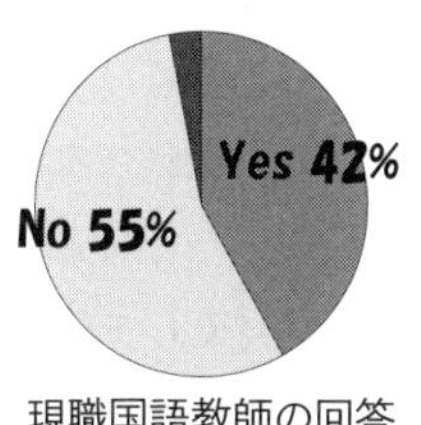

現職国語教師の回答

31
文字・表記

助詞の「を」「は」「へ」を、「お」「わ」「え」と書いてもいいですか。

「現代仮名遣い」に、助詞は「を」「は」「へ」と書くと書かれています。

戦前までの歴史的な慣習による表記（歴史的仮名遣い）は、戦後、現代語の音韻に従って書き表すことを原則に、改められました。昭和21（1946）年には「現代かなづかい」が、そして、その改定版として、昭和61（1986）年には**「現代仮名遣い」**[1]が定められました。一般の社会生活における表記は、この「現代仮名遣い」によって書かれます。

「現代仮名遣い」は、現代語の音韻に従って書き表すことを原則とします。そのため、歴史的仮名遣いのように、「ジュー」という音を、「充実」の場合には「じゆうじつ」、「柔軟」の場合には「じうなん」、「十月」では「じふがつ」、「住居」の場合には「ぢゆうきよ」のように書き分ける必要はありません。同じ[ɔː]（オー）という発音でも、broadではoa、taughtではau、thoughtではou、northではor、doorではoor、talkではalと書き分ける英語のスペルのように、語源的知識が表記に関わることが少なくて済むようになったのです。

とはいえ、一部に表記の慣習を尊重して一定の特例が設けられています。そのひとつが、助詞「を」「は」「へ」の表記です。

どうして、この3つの助詞だけが、発音通りに表記されないのでしょうか。それは、古代、「お」「わ」「え」と異なる発音がなされていたことを書き表した名残だからです。奈良時代より前、ハ行音はp音で発音され、「は」は[pa]、「へ」は[pe]だったと言われています《⇒ **5**》。少なくとも[wa]や[e]とは異なる発音でした。「を」も同様です。その時代に書き分けられた慣習が現代にも残っているというわけです。

では、現代でなぜこのような歴史的仮名遣いの一部と言ってよい表記が取り残されたのでしょうか。それは、助詞という、他と紛れやすい小さな言葉であることが関連しています。「りょうりおぼんのうえにおく」と書くと、「料理お盆の上に置く」なのか「料理を盆の上に置く」なのかわかりませんが、「りょうりをぼんのうえにおく」と書けば意味は通ります。ただ、この理論でいけば、「ははは いしゃにみてもらった」もすぐに意味が通るはずですが、実際には「母は医者に診てもらった」なのか、「母、歯医者に診てもらった」なのか、はたまた、「歯は歯医者に診てもらった」なのか、すぐにはわかりません。むしろ「ははわ」の方がわかりやすいかもしれません。結局、「を」以外は、ふつうに使われる文字であるため、助詞であるとすぐわかるわけではないのです。結局、わかりやすさだけでは、説明ができないのです。

さて、一方で、この「を」「は」「へ」の発音は、どういう発音でしょうか。「は」と「へ」は、[wa]と[e]でよいとして、「を」を[wo]だと思っている人は、実際、多くいます。しかし、「現代仮名遣い」では、例外として、助詞の「を」「は」「へ」を発音通りに書かないといっているのであって、「を」に対応する「現代語の音韻」は「オ」であると明記しています。つまり、「雑誌を読む」の「を」を[wo]と読むのは間違いなのです。音楽の指導で母音連続を避けてはっきり発音するために「を」を[wo]と発音させるような例外を除いて、「を」は[o]と読まなければなりません。

「現代仮名遣い」は、国語だけでなくすべての教科を教える基本中の基本です。一度目を通しておいた方がよいでしょう。

[1] 文化庁国語施策情報内閣告示・内閣訓令「現代仮名遣い」https://www.bunka.go.jp/kokugo_nihongo/sisaku/joho/joho/kijun/naikaku/gendaikana/index.html

現職国語教師の回答

「稲妻」に振り仮名を打つ際には、「いなづま」と書いてもよいですか。

「現代仮名遣い」では、「いなずま」が本則ですが、「いなづま」も許容されます。

「じ」と「ぢ」、「ず」と「づ」は、現代においては同じ音を表します。しかし、ある場合には「じ」や「ず」を用い、ある場合には「ぢ」や「づ」を用います。どのような規則があるのでしょうか。

「現代仮名遣い」《⇨ **31**》においては、原則、発音通りに書きますので、「じ」や「ず」を用いるのが本則です。例外となるのは、⑴ 同音の連呼によって生じた「ぢ」「づ」と、⑵ 二語の連合（いわゆる連濁）によって生じた「ぢ」「づ」です。

⑴は、「縮む」や「鼓」、「続く」など、少数です。「ずつ」は、同音の連呼に似ていますが、清濁が逆ですので、「現代仮名遣い」では「ずつ」と書きます。

⑵は、単独で「ち」「つ」で始まる語が連濁で濁音になった場合です。「血」や「力」は、単独で「ち」と「ちから」と読みますので、「鼻血」や「底力」は、「はなぢ」「そこぢから」となります。同じく、「三日月」や「新妻」は、「みかづき」「にいづま」です。

しかし、⑵は、「血」や「力」、「月」や「妻」といった語源意識がある場合にのみ有効なルールです。「稲妻」は、現代において、「妻」が語源とすぐにはわかりませんので、「いなずま」が本則です。「本則」とは「原則」という意味ですので、それ以外にも認められる場合があります。つまり、「いなずま」を「いなづま」と書いても許容はされます。同様に、「絆」や「固唾」は、「きずな」「かたず」が本則ですが、「きづな」「かたづ」も許容されるということになります。教育現場では、通常、本則の方を教えますが、テストで生徒が「いなづま」や「きづな」と書いていても、安易に不正解にはできません。少なくとも、「いなづま」という書き方は、「現代仮名遣い」の「本文　第２（表記の慣習による特例）」に、「『いなづま』のように……「づ」を用いて書くこともできるものとする」とありますので、生徒が×にされた答案を「現代仮名遣い」とともにもってきたら困ります。私は、国語教育では、生徒が将来困らないよう、表記の本則を教えるのが原則だと考えています。それでも、やはり説明が必要です。

「～つく」も注意が必要です。「いろづく」「おじけづく」「きづく」「さんけづく」は、「～づく」が本則ですが、語源意識が薄れた「うなずく」「つまずく」「ひざまずく」は、「～ずく」です。ただし、「稲妻」と同様、これらを「づ」を用いて「～づく」と書いても間違いではありません。

間違えやすいのが、「地」と「～中」です。「地」は、単独では「ち」ですが、「地面」や「地震」は、語頭が濁音になっているため、上のルールには当てはまりません。「じめん」「じしん」が本則です。そのため、「布地」も「ぬのぢ」ではなく「ぬのじ」が本則になります。「～中」は、逆に、「～ちゅう」が連濁によって「世界中」などとなります。それにも関わらず、「せかいじゅう」が本則で、「せかいぢゅう」と書いてもよいことになっています。これは例外的です。

さて、これら「じ」「ぢ」、「ず」「づ」は、昔、書き分けられていました。つまり、別の音でした。その区別が、鎌倉時代以降、地域によって早晩の違いはありますが、徐々に崩れ始め、江戸時代には、当時の都であった京都でもこの音の区別が失われたと考えられています。その根拠として、『しちすつ假名文字使蜆縮涼鼓集』（1695）という書物に、表記が混同されていることが記されています。

現代でも、高知県や宮崎県の年配の方々が、この音の区別を保持しているといわれていますが、少なくとも共通語の「じ」と「ぢ」、「ず」と「づ」は、同じ環境に現れれば同じ音です。古文を教える先生も、歴史的仮名遣いを思い浮かべて違う音だなどといわないように気を付けたいものです。

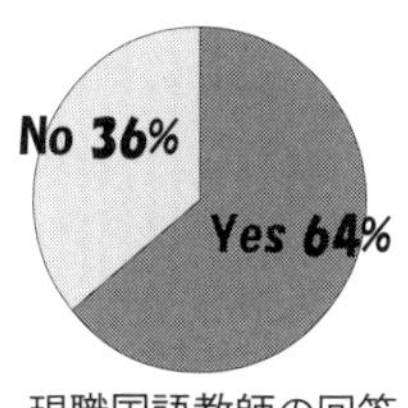

現職国語教師の回答

33
文字・表記

「当用漢字」は、今でも使われていますか。

昭和 56（1981）年以降、「常用漢字表」が用いられています。最新版は平成 22（2010）年版です。

小学校で国語の表記を教える際の基礎となる重要な法令に、**「現代仮名遣い」**と**「常用漢字表」**があります。

「常用漢字表」は、第二次世界大戦以前にもありましたが、実際には、新聞等で大幅に逸脱した漢字量が用いられていたこともあり、実効性はありませんでした。戦後の昭和 21（1946）年に、1850 字の「当用漢字」が公布されましたが、この「当用漢字」という言葉からもわかるように、さし当たって用いる漢字という性格から、越えてはいけない漢字使用に関する制限基準が示されたものでした。結局、漢字を使い続けることになりましたので、「当用漢字」という言葉も時代にそぐわなくなりました。

一方、「当用漢字」には、使用できる漢字の制限という性格が強くありました。連合国軍最高司令官総司令部、いわゆる GHQ に、難解な漢字使用が民主主義化を遅らせているという考えがあったからです。学校教育でも、当然、この当用漢字から外れた漢字は使用されなくなり、また、新聞各紙も使用制限に踏み切ったことから、「当用漢字表」公布後、使用される漢字数は大きく減少しました。

ただ、使用できなくなった漢字の代わりに、多くの書き換え漢字（表 1）が生じ、不都合も生じました。「障碍（しょうがい）」が「障害」と書き換えられることにより混乱が生じたり、「蒐集（しゅうしゅう）」が「収集」となり細かな漢字の書き分けがなくなったりするなどの不都合が生じました（なお、「障害」の表記に関しては、中央教育審議会も「今後とも、学識経験者等の意見を聴取するとともに、国民各層における議論の動向を見守」[1]るとしています）。漢字使用の目安である「常用漢字」の時代になっても、「当用漢字」の漢字制限が引き起こした混乱が、いまだ続いているのです。

表1　国語審議会による「同音の漢字による書きかえ」（部分）（1956年）

暗誦→暗唱	扣除→控除	試煉→試練	蹈襲→踏襲
闇夜→暗夜	礦石→鉱石	浸蝕→浸食	杜絶→途絶
意嚮→意向	香奠→香典	伸暢→伸長	悖徳→背徳
慰藉料→慰謝料	広汎→広範	滲透→浸透	破毀→破棄
衣裳→衣装	亢奮→興奮	訊問→尋問	曝露→暴露
陰翳→陰影	昂奮→興奮	衰頽→衰退	破摧→破砕
穎才→英才	弘報→広報	尖鋭→先鋭	醱（醗）酵→発酵
叡智→英知	曠野→広野	全潰→全壊	抜萃→抜粋
掩護→援護	媾和→講和	銓衡→選考	叛乱→反乱
恩誼→恩義	涸渇→枯渇	洗滌→洗浄	蜚語→飛語
廻転→回転	骨骼→骨格	煽情→扇情	符牒→符丁
火焔（焰）→火炎	雇傭→雇用	擅断→専断	篇→編
挌闘→格闘	根柢→根底	戦歿→戦没	編輯→編集
活潑（溌）→活発	醋酸→酢酸	象嵌→象眼	抛棄→放棄
間歇→間欠	坐視→座視	綜合→総合	防禦→防御
肝腎→肝心	雑沓→雑踏	相剋→相克	繃帯→包帯
稀少→希少	讃辞→賛辞	剿滅→掃滅	厖大→膨大
奇蹟→奇跡	撒水→散水	簇生→族生	庖丁→包丁
兇器→凶器	刺戟→刺激	沮止→阻止	輔佐→補佐
漁撈→漁労	屍体→死体	疏通→疎通	摸索→模索
伎倆（技倆）→技量	車輛→車両	褪色→退色	野鄙→野卑
区劃→区画	蒐集→収集	歎願→嘆願	熔接→溶接
掘鑿→掘削	終熄→終息	煖房→暖房	慾→欲
訓誡→訓戒	聚落→集落	智慧→知恵	理窟→理屈
燻製→薫製	障碍→障害	註釈→注釈	悧巧→利口
決潰→決壊	銷却→消却	沈澱→沈殿	掠奪→略奪
蹶起→決起	陞叙→昇叙	牴触（觝触）→抵触	諒解→了解
訣別→決別	焦躁→焦燥	鄭重→丁重	輪廓→輪郭
絃歌→弦歌	牆壁→障壁	叮嚀→丁寧	連繫（繋）→連係
儼然→厳然	蒸溜→蒸留	碇泊→停泊	聯合→連合
嶮岨→険阻	書翰→書簡	手帖→手帳	彎曲→湾曲
交叉→交差	抒情→叙情	顚（顛）倒→転倒	

[1] 中央教育審議会初等中等分科会（第69回）「資料3-3　障害者制度改革の推進のための基本的な方向（第一次意見）　第3　障害者制度改革の基本的方向と今後の進め方」https://www.mext.go.jp/b_menu/shingi/chukyo/chukyo3/siryo/attach/1295933.htm

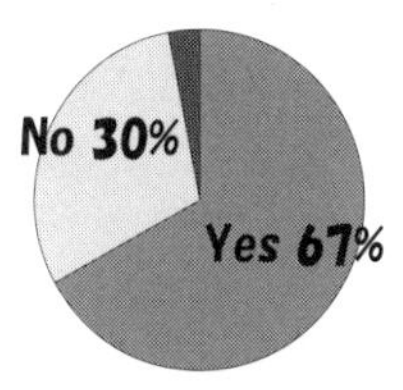

現職国語教師の回答

文字・表記

34 文字・表記

漢字を覚えるために、毎日何時間もかけてもいいのでしょうか。

漢字の造語力を考えれば、一面、効率のよい学習といえます。

第二次世界大戦後の日本における教育は、日本にやってきたアメリカ教育使節団によって、基本的方向性が決定されました。中でも、国語の改革には重点が置かれ、村井実氏[1]によると、「覚えることが生徒にとって過重な負担となっている」漢字を全廃し、ローマ字のような「音標文字（一般には「**表音文字**」）」システムを採用すべきと報告書に明記されました。

しかし、漢字が撤廃されなかったのは周知の事実です。日本語の漢字仮名交じりという表記法は、英語のような表音文字文化から見れば異質であっても、漢字で書かれる（ことの多い）自立語に平仮名で書かれる（ことの多い）付属語を付して文節を作るという日本語の言語的特質には適合していたのです。それでも、子供たちにとって、漢字学習が大きな負担であることは、昔も今も変わりません。

昭和39（1964）年、第7期国語審議会において、次のような提案がされました。

> 国語問題に於ては、複雑な漢字の習得が、小学校児童にとって、極めて大きな負である事が常に指摘され、これが年来、漢字制限等の大きな根拠となつて来た担事は、周知の通りである。
>
> いま、石井氏及びその同調者らが、適切な方式に従へば、児童に漢字を習得せしめる事が決して難事でもなく、また児童にとって過大の負担でもない事を、その論理と実際経験による実績によつて主張してゐる事は、国語審議会として看過すべからざることであると考える[2]。

提案中にある石井勲氏（1919-2004）は、幼児にとって、具体的な意味や内容を表す漢字は、「絵を見るのと同じように理解される」ため、繰り返しまねることで飽きずに学習できると主張しました[3]。特筆すべきは、読み書き分離教育と呼ばれる、まず読み方から教え、時期をずらして書き方を教える方法です。従来、読み書きは同時に行われるべきとされていた国語教育において、この考え方は異質に映り、実施に至るまでには種々の異論もありましたが、国語科では、『小学校学習指導要領（平成10年告示)』から、教育漢字の読みを配当学年で教え、必ずしも同学年で書けなくてもよいという原則に転じました。

一方、石井氏は、「天気」や「車庫」がこれ以外に書かれようがなく、学年配当漢字外だからといって、「天き」や「車こ」と書く方法（**交ぜ書き**）は採りませんでした。現在も、小学校の教室では、「天き」や「車こ」のような書き方が散見されますが、日本語の**正書法**（言語の正しい表記の体系）から見てふつうの書き方ではありません。せめて「天気（き）」や「車庫（こ）」と振り仮名を振ることが望ましいでしょう。

漢字学習を、すべての漢字が書けなければならないとする考え方が間違っていることは、平成22（2010）年の常用漢字の改定で「鬱」の字が盛り込まれたことからも自明です。多くの人にとって、「鬱」は読めても書けない漢字です。その反面、「鬱」から「憂鬱」、「鬱蒼たる」、「鬱々」などの語句が得られるなど、漢字がもつ造語力を考えれば、漢字学習は語彙力向上に必須です。その上で、国語科で欠けているのは、漢字学習の理論化と効率化です。ただ何回も書かせる学習法ではなく、これからは、AIの力を借りながら、児童一人一人に適合した漢字学習法が提案されていくものと考えられます。

[1] 村井実訳・解説（1979)『アメリカ教育使節団報告書』講談社、pp.54-57.

[2] 文化庁第7期国語審議会第53回総会「小学校の漢字教育について」http://www.bunka.go.jp/kokugo_nihongo/sisaku/joho/joho/kakuki/07/sokai053/01.html（提案者は、吉田富三（病理学者・国語審議会委員))

[3] 石井式国語教育研究会「石井式国語教育研究会」https://isiisiki.co.jp

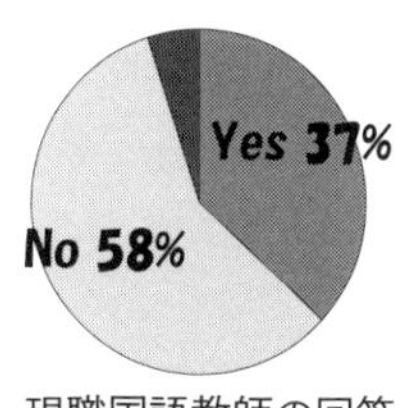

現職国語教師の回答

35
文字・表記

「木」は、2画目をはねてはいけないのですか。

「常用漢字表」の「(付) 字体についての解説」に「表現の差」として許容されています。

「常用漢字表」の改定ごとに、この字が入った、この字が外されたと新聞では報道されますが、戦後まもなく昭和21(1946)年の「当用漢字表」制定以来変わらないで示されているのが、**「字体についての解説」**です。

特に、「筆写の楷書では、いろいろな書き方があるもの」として、次ページのような一覧があります。この中に、「木」についても、2画目の縦棒をはねる例が示されています。漢字テストで、2画目をはねてある「木」に×を付ける先生は、このことを知っていて、その上でより一般的な筆写方法を教えているのか、あるいは、ルールを知らないで慣習に盲従して×を付けているかのいずれかです。後者では困ります。

戦前の教科書では、大正7(1918)年の『小學國語讀本』(いわゆる「ハナハト読本」)の表紙の「本」の2画目ははねており、昭和6(1931)年の『尋常小學國語讀本　巻五』(=右写真中)でも、「木」の2画目ははねられています。このように昔から「木」の2画目ははねてもよかったのです。

『尋常小學國語讀本 巻五』
(昭和6(1931))p.28より

文化庁は、「近年、手書き文字と印刷文字の表し方に習慣に基づく違いがあることが理解されにくくなっている。また、文字の細部に必要以上の注意が向けられ、正誤が決められる傾向が生じている」として、改めて「常用漢字表の字体・字形に関する指針(報告)」[1]を出しています。思い込みではなく、一度、種々の指針を確認して教えることをお勧めします。

1981年常用漢字表「(付) 字体についての解説」より (現在も有効)

第2　明朝体活字と筆写の楷（かい）書との関係について

2　筆写の楷書では，いろいろな書き方があるもの

(1) 長短に関する例

雨－雨 雨　戸－戸 戸 戸

無－無 無

(2) 方向に関する例

風－風 風　比－比 比

仰－仰 仰

糸－糸 糸　ネ－ネ ネ　衤－衤 衤

主－主 主　言－言 言 言

年－年 年 年

(3) つけるか，はなすかに関する例

又－又 又　文－文 文

月－月 月

条－条 条　保－保 保

(4) はらうか，とめるかに関する例

奥－奥 奥　公－公 公

角－角 角　骨－骨 骨

(5) はねるか，とめるかに関する例

切－切 切 切　改－改 改 改

酒－酒 酒　陸－陸 陸 陸

穴－穴 穴 穴

木－木 木　来－来 来

糸－糸 糸　牛－牛 牛

環－環 環

(6) その他

令－令 令　外－外 外 外

女－女 女

現職国語教師の回答

[1] 文化庁「常用漢字表の字体・字形に関する指針（報告）」https://www.bunka.go.jp/seisaku/bunkashingikai/kokugo/hokoku/

36
文字・表記

「録画をする」という意味の「録る」は、正しい書き方ですか。

平成12（2010）年の「改定常用漢字表」には、まだ載っていません。

「常用漢字表」には、同じ読みでありながら意味が異なるため別の漢字を当てる「**異字同訓**」の用例が載っています。平成22（2010）年の「改定常用漢字表」では、これまで「えがく」としか読まれなかった「描く」に「かく」という訓が加わったり、「作る」と「造る」しかなかった区別に「創る」が加わったりしました。これに伴い、異字同訓の手引きも、平成26（2014）年に新しい「『異字同訓』の漢字の使い分け例」[1]として報告されましたが、この中に「録る」はありませんでした。

この改定に合わせて、辞書も中学校の教科書も改定されました。ここで更新のあった主な異字同訓を確認しておきましょう。

あたる・あてる：「当たる・当てる」「充てる」に「宛てる」を追加。
　宛てる…恩師に宛てて手紙を書く。本社に宛てられた書類。
あと：「跡」と「後」から「後」が削除され、「痕」を追加。
　痕…傷痕が痛む。壁に残る弾丸の痕。手術の痕（跡）。
あやしい：「怪しい」に「妖しい」を追加。
　妖しい…妖しい魅力。妖しく輝く瞳。
いく：「行く」に「逝く」を追加。
　逝く…彼が逝って３年たつ。多くの人に惜しまれながら逝った。
うた：「歌」に「唄」を追加。
　唄…小唄の師匠。長唄を習う。馬子唄が聞こえる。
おそれる：「恐れる」に「畏れる」を追加。
　畏れる…師を畏れ敬う。神を畏(恐)れる。畏(恐)れ多いお言葉。
かける：「掛ける」「懸ける」「架ける」に「賭ける」を追加。

賭ける…大金を賭ける。人生を賭(懸)けた勝負。名誉を賭(懸)けて誓う。

かく：「書く」に「描く」を追加。

描く…油絵を描く。ノートに地図を描く。

きる：「切る」に「斬る」を追加。

斬る…刀で斬(切)る。敵を斬(切)り殺す。世相を斬(切)る。

こう：「請う」に「乞う」を追加。

乞う：乞うご期待。命乞いをする。雨乞いの儀式。慈悲を乞う。

こたえる：「答える」に「応える」を追加。

応える…期待に応える。時代の要請に応える。

こむ：「込む」に「混む」を追加。

混む…電車が混(込)む。混(込)み合う店内。人混(込)みを避ける。

つくる：「作る」「造る」に「創る」を追加。

創る…新しい文化を創(作)る。画期的な商品を創(作)り出す。

つとまる：「勤まる」に「務まる」を追加（「務める」はそのまま)。

務まる…彼には主役は務まらないだろう。会長が務まるかどうか不安だ。

とらえる：「捕らえる」に「捉える」を追加。

捉える…文章の要点を捉える。問題の捉え方が難しい。

はる：「張る」に「貼る」を追加。

貼る…ポスターを貼る。切手を貼り付ける。タイル貼(張)りの壁。

ほか：「外」に「他」を追加。

他…この他に用意するものはあるか。他の人にも尋ねる。

新たな訓の多くは、世間で広く使われていたものの追認によって、使い分けの必要性が生じたものです。「とる」は、「取る」、「採る」、「執る」、「捕る」、「撮る」が示されているだけですが、いずれ、「録る」も認められるようになるかもしれません。学校での指導は、あくまで「常用漢字表」の範囲で行うとして、世間の漢字使用も注視していきましょう。

[1] 文化庁「「異字同訓」の漢字の使い分け例（報告)」https://www.bunka.go.jp/seisaku/bunkashingikai/kokugo/hokoku/

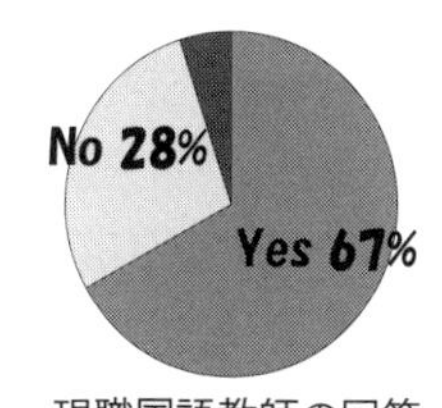

現職国語教師の回答

文字・表記

37
文字・表記

「捕らえる」を、「捉える」と同じ送り仮名で「捕える」と書いてもいいですか。

送り仮名の原則は、「捕らえる」ですが、「捕える」も許容されます。

送り仮名の付け方は、「常用漢字表」や「現代仮名遣い」とは別に、内閣告示として示されています（昭和48（1973）年 内閣告示「送り仮名の付け方」[1]、平成22（2010）年の「常用漢字表」改定に伴い改正）。これ以外の送り方が間違っているというわけではありませんが、まずは原則を覚えましょう。

送り仮名の本則を、まず、動詞や形容詞のような活用語で考えていきましょう。活用語の送り仮名には、活用語尾を送るという文法的通則と、他の語との派生・対応関係を考慮して区別を明示するという語彙的通則があります。

五段動詞は、変わらない部分（語幹）を漢字で書き、変わる部分、すなわち活用語尾から仮名書きします。「書く」は、「書かない、書きます、書く、書けば、書こう」と活用しますので、「書」だけを漢字で書き、その後を送り仮名として示します。一段動詞系でも、同じく活用語尾を送るのが原則です。学校文法における「生きる」の語幹は「生(い)」で、「き」は活用語尾ですから、「生きない、生きます、生きる、生きれば、生きよう」のように、「き」から送ります。ただし、終止形が２音節の一段系動詞は、「寝る」や「来る」のように、「る」だけを送ります。これが通則１です。

形容詞でも同様で、「赤い」、「短い」、「潔い」のように活用語尾を送ります。ただし、古典で学んだシク活用形容詞に由来する「～しい」で終わる形容詞は、「著しい」、「惜しい」のように「しい」を送ります。少し古めかしく言う場合には、現在でも、「君は美し」のように使われますので、「し」が必要です。

ただ、この通則によると「動かす」のような五段動詞は「×動す」でいいわけですが、これでは、「動く」との関係がわかりにくくなります。そこで、自動詞・他動詞の対応など派生関係の認められる語は、基となる語の送り仮名を基準に考えます。たとえば、「集まる」は「集める」と関係があるため、通則１に従った「×集る」でなく「ま」から送ります。また、形容詞「勇ましい」も「勇む」という動詞との対応から「×勇しい」とはしないのです。これが通則２です。さらに、「暖かい」も、「暖か」という名詞が派生することを考え、「×暖い」としないと考えられます。

この通則２に従えば、「捕らえる」は「捕る」と関係があるため、「捕える」でなく「ら」から送るというわけですが、これは通則１に矛盾します。一段動詞「とらえる」は「える」が活用語尾だから、通則１に従えば「捕える」でよいからです。このような場合、特に読み間違えるおそれがないことを条件に、「捕える」のような短い形も許容されます。許容が「送り仮名の付け方」に明記されているのは、「捕(ら)える」の他に、「浮(か)ぶ」、「生(ま)れる」、「押(さ)える」、「晴(れ)やかだ」、「積(も)る」、「聞(こ)える」、「起(こ)る」、「落(と)す」、「暮(ら)す」、「当(た)る」、「終(わ)る」、「変(わ)る」があり、全部で13語です。逆に、長い形を許容する語に、「表(わ)す」、「著(わ)す」、「現(わ)れる」、「行(な)う」、「断(わ)る」、「賜(わ)る」もあります。テストで( )の中の仮名を送っても省いても×にはできません。

他に、「脅(おど)かす」、「危ない」、「明るい」など、理由は述べずに「次に示すように送る」と挙げられている語もあります。「脅(おど)す」や「危うい」と区別したり、古典語の「明(あか)し」に合わせたりしたものと考えられます。

活用のない名詞なども、原則は活用語に合わせますが、「曇(り)」、「晴(れ)」、「届(け)」、「願(い)」など送り仮名を省くこともあります。また、複合語でも「申(し)込む」、「乗(り)換(え)」など、( )内はよく省かれます。

送り仮名は、見慣れているものだけが正解（本則）ではなく、許容された部分も多くあります。確認しながら教えることが重要です。

[1] 文化庁国語施策情報内閣告示・内閣訓令「送り仮名の付け方」https://www.bunka.go.jp/kokugo_nihongo/sisaku/joho/joho/kijun/naikaku/index.html

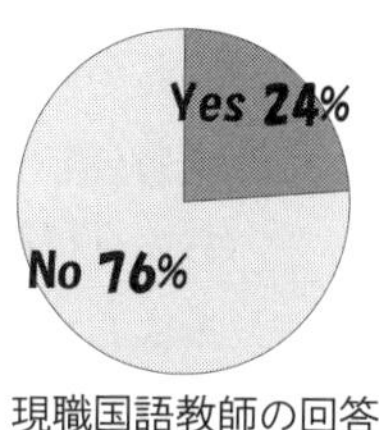

現職国語教師の回答

38 文字・表記 「王」の振り仮名は「おう」ですが、読みも「オウ」ですか。

読みとしては、「オー」というオ列の長音です。

現代仮名遣いでは、原則、書いてある通りに読みますが、例外は、**オ列の長音**です。

「現代仮名遣い」には、次のように書かれています[1]。なお、平仮名表記は仮名遣いを、片仮名表記は発音を表します。

> ⑸ オ列の長音
> オ列の仮名に「う」を添える。

つまり、「おう」「こう」「そう」…と書いて、「オー」「コー」「ソー」…と読むということです。ゆっくり読んでも、2つの母音「オ」と「ウ」の連続で「オウ」のように読むのは間違いです。ちなみに、ローマ字表記でも、発音通り書くのが原則ですので、ou ではなく、ô（訓令式）または ō（ヘボン式）で書くのが正解です《⇒ **48**》。

逆に、「オー」という発音を平仮名で書くときには、「う」を添えます。「ひとつ」を長く読む「ヒトーツ」は、「ひとうつ」と書きます。

オ列の長音には、表記上の例外があります。

> 第２　特定の語については、表記の慣習を尊重して、次のように書く。
> ６　次のような語は、オ列の仮名に「お」を添えて書く。
> 例　おおかみ　おおせ(仰)　おおやけ(公)　こおり(氷・郡△)　こおろぎ
> ほお(頬・朴△)　ほおずき　ほのお(炎)　とお(十)　いきどおる(憤)
> おおう(覆)　こおる(凍)　しおおせる　とおる(通)　とどこおる(滞)
> もよおす(催)　いとおしい　おおい(多)　おおきい(大)　とおい(遠)
> おおむね　おおよそ（註：「△」は、常用漢字表外漢字及び音訓を表す）

以上に挙げた語及び「催し」や「大阪」、あるいは「十日」などの関連語は、オ列の仮名に、歴史的仮名遣いで「ほ」や「を」が続くものであるため、例外的にオ列の仮名に「お」を添えて書くことが認められています。ただし、発音は、オ列の長音です。

エ列の長音は、原則、エ列の仮名に「え」を送ると、「現代仮名遣い」に書かれています。しかし、「お姉さん」や応答の「ええ」以外は、「い」を送る方が一般的です。これは、次の記述が根拠となります。

> 次のような語は、エ列の長音として発音されるか、エイ、ケイなどのように発音されるかにかかわらず、エ列の仮名に「い」を添えて書く。
>
> 例　かれい　せい(背)　かせいで(稼)　まねいて(招)　春めいて
> へい(塀)　めい(銘)　れい(例)　えいが(映画)　とけい(時計)
> ていねい(丁寧)　（「現代仮名遣い」付記）

例外の多い「現代仮名遣い」ですが、教えるときには、一度本則を確認するとよいでしょう。

[1] 文化庁国語施策情報内閣告示・内閣訓令「現代仮名遣い」https://www.bunka.go.jp/kokugo_nihongo/sisaku/joho/joho/kijun/naikaku/gendaikana/index.html

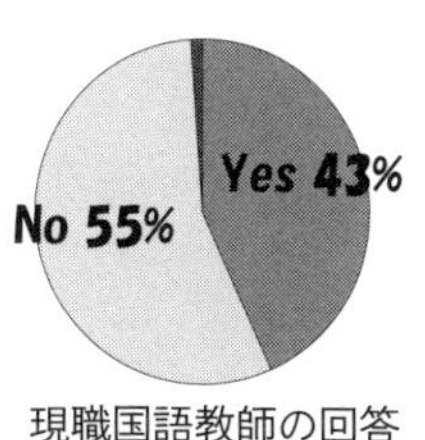

現職国語教師の回答

「十本」は「ジッポン」だけが正しい読みですか。

「ジッポン」という読みに加えて、「ジュッポン」も平成22（2010）年の「改定常用漢字表」で認められた読み方です。

一昔前までは、「十本」は「ジッポン」だけが正しいといわれていました。単独で「十」は「ジュー」と読むのに、なぜ「ジュッポン」と読むのは間違いとされてきたのでしょうか。

隋・唐の時代、中国語の「十」の音は、単独で[ʒiəp]（ジアップ）のような音であったといわれています[1]。日本ではのちに、「十」単独で末尾音[p]が両唇摩擦音の[ɸ]（「フ」の子音）を経て母音化したために、「ジュー」となりました。一方、「本」や「階」など閉鎖音の[p]や[k]を語頭音としてもつ**助数詞**と、「歳」のような摩擦音の[s]を語頭音としてもつ助数詞は、「十」の末尾の[p]を促音化したと考えられます。その際、「十」の母音[i]は変化しなかったことから、「ジッポン」「ジッカイ」「ジッサイ」となりました。「十本」「十階」「十歳」の「十」が「ジッ」と読まれるのは、このためです。

そうは言っても、すべての単語を古い時代の発音のまま今も発音しているわけではありません。たとえば、「出納」は、現代では「スイトー」と読むのが当然とされていますが、平安時代末期の辞書である『色葉字類抄（いろはじるいしょう）』などには、「しゅつなふ」のように書かれていて、「スイトー」は比較的新しい読みであるといわれています（『日本国語大辞典［第二版］』）。また、「端緒（たんちょ）」「口腔（こうくう）」も、本来、「たんしょ」「こうこう」でしたから、読みが変化した語を数え出したらきりがありません。

「常用漢字表」は、その時代の漢字使用の目安ですので、現状に合わせて読みも変化することがあります。「十本」も、平成22（2010）年の改定で、「十」に「ジッ」に加えて「ジュッ」が記載され、現在では、「じゅっぽん」も認められた形となっています。

さて、その他の助数詞は、どのような発音になるでしょうか。

表1　数詞と助数詞の読み方[2]

	1, 6, 10 ～	2, 5, 7, 9 ～	3 ～	4 ～
①枚、台、㌔…	イチ－マイ	ニ－マイ	サン－マイ	ヨン－マイ
②階、軒、足*…	イッ－カイ	ニ－カイ	サン－ガイ	ヨン－カイ
③本、匹、杯…	イッ－ポン	ニ－ホン	サン－ボン	ヨン－ホン
④分、敗、班…	イッ－プン	ニ－フン	サン－プン	ヨン－プン

①に挙げた語頭音が [m] や [d] などの有声音である助数詞と、外来語の助数詞などは、一般的に語頭の音が変わりません。②のように助数詞が [k] や [s] で始まる場合、3の後の助数詞の語頭音は濁音になります。本来 [sam] だった[1]3の [m] の音に、後の子音を濁音にする力があるためと考えられます。なお、4は、日本固有の「ひ(い)、ふ(う)、み(い)、よ(う)」から借りた数詞ですので、後ろの音を濁音にする力はありません。

ただ、読みが慣習で決まっていることもあります。③と④の場合、1と2に続く助数詞の語頭音は [p] と [h] で同じですが、3の後では変わります。③では、助数詞の語頭音が濁音の [b] になりますが、④では濁音にならず [p] の音のままです。また、②の「*」を付した「足」は、「ロッソク」とならず「ロクソク」が基本です。さらに8についても、なぜ「八本」は「はっぽん」とも「はちほん」とも読むのかなど、理屈だけは説明できません。

小中学校の『学習指導要領』において、助数詞は、教えなければならない事項と示されているわけではありません。しかし、「伝統的な言語文化」であることには変わりありません。児童生徒にとって無理のない範囲で教えましょう。

[1] 藤堂明保編（1978）『学研漢和大字典』学習研究社
[2] NHK 放送文化研究所編（2016）『NHK 日本語発音アクセント新辞典』「数詞＋助数詞の発音とアクセント」pp.(82)-(198).

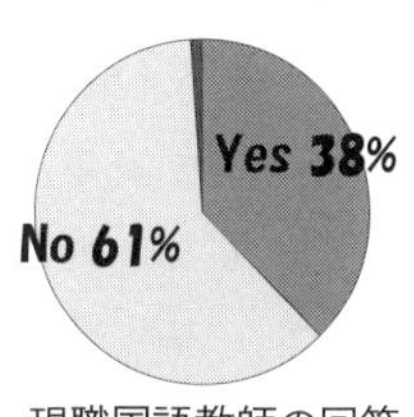

現職国語教師の回答

「図工で本棚を作成した」は、正しい漢字を使っていますか。

具体物を道具を使って作る場合には、「作製」を用います。

日本語には、上に挙げた「作成」と「作製」のような**同音異義語**が多くあります。

『小学校学習指導要領（平成 29 年告示）解説　国語編』においては、第５学年及び第６学年に、漢字学習が進むことによる語彙の増加を踏まえ、次のように書かれています。

> １〔知識及び技能〕(1) 言葉の特徴や使い方に関する事項
> ○ 漢字
> …文や文章を書く際には、例えば、「収める」、「納める」、「修める」、「治める」などの同音異義語に注意するなど、漢字のもつ意味を考えて使う習慣が身に付くようにすることが重要である。

ここでは、訓読みの例のみが挙がっています。これは、まだ、教育漢字すら学習途中である段階だからです。教育漢字（肩付き数字で学年別漢字配当表の学年を表示、教育漢字外は無表示）で書き分けるべき同音異義語（異字同訓語）は以下の通りです。自動詞・他動詞の対応があるものは、一方のみ挙げています。

会[2]う・合[2]う、空[1]く・開[3]く、暖[6]かい・温[3]かい、熱[4]い・暑[3]い・厚[5]い、現[5]れる・表[3]れる、写[3]す・映[6]す、生[1]む・産[4]む、変[4]える・代[3]える・替える、堅い・固[4]い・硬い、聞[2]く・聴く、立[1]てる・建[4]てる、作[2]る・創[6]る・造[5]る、努[4]める・勤[6]める・務[5]める、直[2]す・治[4]す、登[3]る・上[1]る・昇る、図[2]る・計[2]る・測[5]る・量[4]る、初[4]め・始[3]め(る)、早[1]い・速[3]い、交[2]ざる・混[5]ざる、町[1]・街[4]、下（もと）[1]・元[2]・本[1]・基[5]、分[2]かれる・別[4]れるさらに、『中学校学習指導要領（平成29年告示）』「第２章 各教科　第１節 国語」では、第２学年「2 内容 〔知識及び技能〕」に、同音異義語についての記述が見られます。

(1) 言葉の特徴や使い方に関する次の事項を身に付けることができるよう指導する。

エ　抽象的な概念を表す語句の量を増すとともに、類義語と対義語、同音異義語や多義的な意味を表す語句などについて理解し、話や文章の中で使うことを通して、語感を磨き語彙を豊かにすること。

『同 解説　国語編』には、「…（同音異義語は）漢語に多い。書き言葉ではそれぞれの識別も難しくはないが、話し言葉の場合は意味内容の伝達に混乱が生じやすいので、常に注意する必要がある」とあります。漢語語彙に範囲を広げていることに加え、話し言葉での使用制限に言及している点にも要注意です。

日本語は、音節構造が単純なため、同音異義語が多くなる必然性がある言語です。同音異義語の多くには、「作成」は文章や計画などの内容を思考によって作る場合、「作製」は具体物を道具を使って作る場合というように、構成する漢字の意味に応じた使い分けがあります。「製」は、「衣」が入っているように「衣服を裁って服を作る」が原義です。そのため、目に見える具体物に使われます。このように意味との関連で使い分けていますので、情報機器を用いて文書を作成する際には、今後ますます気を付けなければならない区別となっていくでしょう。

とはいえ、使い分けが困難な漢字もあります。文部科学省は、『学習指導要領』に対しては「改訂」を使い、その外局である文化庁は、「常用漢字表」に対して「改定」を使っています。『学習指導要領』は、本でも売っていますので「改訂」でよいのかもしれませんが、その使い分けは難しいです。

現職国語教師の回答

41
文字・表記

正しい筆順は、決められていますか。

文部科学省が「正しい筆順」を定めたことは、ありません。

『小学校学習指導要領（平成29年告示）』「第２章 各教科　第１節 国語　第２各学年の目標及び内容」には、**筆順**について次のように書かれています。

〔第１学年及び第２学年〕
２内容
〔知識及び技能〕
⑶　我が国の言語文化に関する次の事項を身に付けることができるよう指導する。
　ウ　書写に関する次の事項を理解し使うこと。
　　（イ）点画の書き方や文字の形に注意しながら、筆順に従って丁寧に書くこと。

『同 解説　国語編』には、「筆順」について、「筆順とは、文字を書き進める際の合理的な順序が習慣化したもののことである。学校教育で指導する筆順は、『上から下へ』、『左から右へ』、『横から縦へ』といった原則として一般に通用している常識的なものである」と書かれているだけです。つまり、この原則に従って各漢字の筆順が教えられてはいますが、正しい筆順を定めた法令なり指針などは、出されたことがないのです。

かつて、文部省は、昭和33（1958）年、「学校教育における漢字指導の能率を高め、児童生徒が混乱なく漢字を習得する」ことができるよう、『筆順指導の手びき』[1]を著しました。各社発刊の書き順の参考書は、この『筆順指導の手びき』を基にしています。ただし、同時に、『筆順指導の手びき』の目的は「学習指導上に混乱を来さない」ことに限定され、「ここに取りあげなかった筆順についても、これを誤りとするものでもなく、また否定しようとするものでもない」

（同 p.7）と述べています。「正しい筆順」を定めたものではなかったのです。

このように、ある特定の書き順が「正しい」とは、一言も言っていないのですから、当然、テストで「正しい書き順」を問うこと自体、意味のあることではありません（ただし、日本漢字能力検定のように、独自に採点基準を公表している検定まで否定するものではありません）。

たしかに、正式な筆順通り、「右」は、「丿」から、「左」は「一」から書いた方が、３画目の運筆がスムーズに感じられます。『小学校学習指導要領』に第３学年及び第４学年の指導項目として従来から挙げられてきた「文字の組立て方を理解し、形を整えて書くこと」のためには、『筆順指導の手びき』の通り書くのがよいのです。

一方、現代は「打ち言葉」の時代と言われます。平成 22（2010）年に「常用漢字表」の改定がなされましたが、文化庁は「情報化社会の進展によって、漢字は『書く』時代から『打つ』時代になったと言われます」と、改定の理由のひとつに社会の変化を挙げています[2]。

こんな時代だからこそ、逆に手書き文字のもつぬくもりや書いた人の個性が重要視されていきます。そうなると、正しい書き順で書くことは、よりよく気持ちを伝えるための戦略となってきます。読み手によりよい印象を与えるために整った手書き文字を書くことを目的と意識して、書き順を今一度見直してみるのもよいでしょう。

[1] 文部省編（1958）『筆順指導の手びき』博文堂出版、p.7.

[2] 文化部国語課「言葉の Q&A 「常用漢字表」を知っていますか。」文化庁広報紙「ぶんかる」2016 年 5 月 6 日，https://www.bunka.go.jp/prmagazine/rensai/kotoba/kotoba_009.html

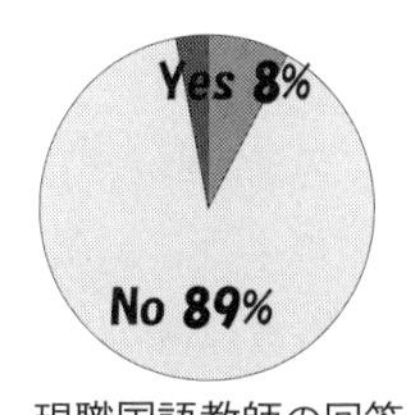

現職国語教師の回答

42
文字・表記

昔は、漢字にも濁点を打ったと聞きましたが、本当ですか。

漢字を濁音で読むことを示したのが、濁点の始まりです。

そもそも、なぜ**濁点**は２つなのでしょうか。結論を言えば、清音に１つ、濁音に２つの点を打ったからです。

では、いつ頃、濁点が生まれたのでしょうか。『日本国語大辞典［第二版］』には、次のように書かれています。

> もと、漢文の読解のための声点から起こり、室町末ごろには、かな文の起草の際から清濁を区別して、現在の形が用いられるようになった。

声点（しょうてん）とは、経典をより正しく読むために、漢字ごとに付された中国語の声調（トーン）を表した記号のことです。中国で始まり、後に日本にも伝わりました。左下の点は平声（ひょうしょう）、左上は上声（じょうしょう）、右上は去声（きょしょう）、右下は入声（にっしょう）を表しました。それぞれ、平声は低く平らな調子、上声は高く平らな調子、去声は上昇調と、現代の中国語にもある四声と似た声調を点を付して表します。入声だけは、音節構造として /k/, /t/, /p/ で終わる音を指します。**39** で説明した「十」の古い音 [ʒiəp] は、この入声音です。

難しい説明が長くなりましたが、経典をより正しく読みたいという気持ちから、清濁の音を区別する日本語に合わせて、清音なら「◦」や「・」を、濁音なら「◦◦」や「‥」を、その声点の位置に付しました。たとえば、「変化」を「へんか」ではなく「へんげ」と読ませたい場合には、「化」の文字の左下、すなわち平声の位置に濁声点「◦◦」を打ち「｡｡化」とすることで、「げ」と読ませるように工夫をしたのです。

このように、濁点は、漢字を正しく読むための記号が起源で、それが室町時代に右肩に置かれるようになり、およそ 16 世紀末までには仮名にも定着し、今のような形になったというわけです。ただし、漢字に打った濁点も、特に注意した方がいい場合に限り打たれていたことから、仮名に濁点を打つことも初めは任意でした。室町から江戸時代に仮名で書かれた文には、濁点が付されていないものが多く、明治時代以降に書かれたものでも、必ずしも濁点が付されていないこともあるのは、このためです。

勘がよい方ならお気付きかもしれませんが、**半濁点**は、この「。」から来ています。最初は、濁音に対する「濁らない音」を表すために使われていた記号ですが、江戸時代中期以降、現在のパ行音を表すようになりました。江戸時代には、「おとっつぁん」の「つぁ」を「づ」と書いたりもしたそうです[1]から、濁音でも清音でもない特殊な音を表す記号として用いられたと考えられます。

国語教育における「半濁点」という名称は、明治６（1873）年の文部省『小學教授書』に見られます[2]が、翌年には「次清音」と呼ばれるなど、揺れもありました。Ｐの音は無声音で、p-b の対応は k-g の対応と同じですから、「半濁」という名称は、誤解を招く名称であり、試行錯誤もあったのかもしれません。

濁点は、同じ（あるいは類似の）調音位置と調音方法をもつ音を、声帯振動の有無（有声音か無声音か）で区別する、ローマ字にも漢字にもない工夫です。この仕組みに気付かせたり、「パ行」と「バ行」について考えさせたりするのも、おもしろいかもしれません。

[1] 山本真吾（2011）「第５章 補助符号　第２節 濁点」沖森卓也・笹原宏之・常盤智子・山本真吾『図解　日本の文字』三省堂、pp.100-104.
[2] 文部省編（1873）『小學教授書　全』（早稲田大学図書館古典籍総合データベース）

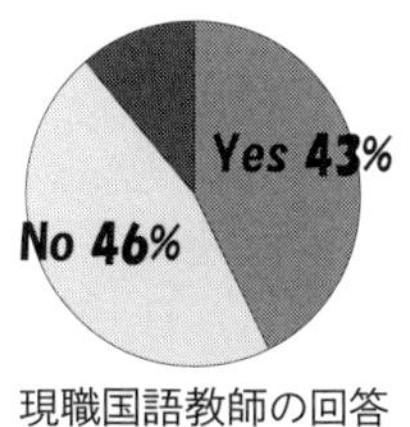

現職国語教師の回答

文字・表記

43
文字・表記

五十音図は、明治時代にできたものですか。

現代と同じ順番ではありませんが、平安時代からありました。

室町時代から昭和時代の初めまで、日本には『節用集』と呼ばれる国語辞書がありました。意味は載せられず、ただ単語を並べているだけのことが多いようですが、その順番は、ほとんどがいろは順でした。江戸時代の町火消しなどもいろは順。では、江戸時代に五十音順はなかったのでしょうか。

もちろん、江戸時代にも**五十音図**はありました。それどころか、最古の五十音図は、平安時代中期にはあったといわれています。平安時代の五十音図は、『孔雀経音義』（成立年不明）ならびに『金光明最勝王経音義』（1079年写本）に付された表と言われています。これらは、「経」の字が見えるように、本来は、中国から伝わった経典に見られる語句の発音と意味を解説したものでした。経典は、古代インドの言語であるサンスクリット語で書かれていたため、このサンスクリット語を学ぶ学問が発達しました。この学問のことを悉曇学といいます。このサンスクリット語の字母整理の方法と日本語の文字とを比較することから、五十音図は成立したと考えられます。

さらに、漢字を正しく読むための反切という手法で、子音部分と母音部分を分けて捉えたことにより、カ行は /k/ という子音と、/a/, /i/, /u/, /e/, /o/ という母音の組み合わせであるという考え方が生まれました。これが「行」という考え方の端緒であったことは、想像に難くありません。

さて、『金光明最勝王経音義』に書かれた最初の五十音図とは、どのようなものだったのでしょうか[1]。

五音又様
ラリルレロ　ワ井フヱヲ　ヤイユエヨ　アイウエオ　マミムメモ　ナニヌ子ノ　已上清濁定音
ハヒフヘロ　タチツテト　カ＼ク个コ　サシスセソ　已上随上字清濁不定

也　次字者　濁定／次字者任本音読之

五音

ハヘ■フヒ　タチトツチ　カ个コク＼　サセソスシ　已上清濁不定也

ラレロルリ　ナ子ノヌニ　マメモムミ　アエオウイ　ワヱヲフ井

「五音又様」は、読みも意味もよくわかりませんが、五十音図の始まりといってよいでしょう。ただ、この最初の「五音」は、「アイウエオ」の順ですが、行が、ラワヤアマナハタカサの順です。次の「五音」の方は、列すら同じではありません。平安時代には、喉の音から唇の音へという調音位置が口の奥から外への順番が成立しました。ラ行音がナ行音の後にあるという、調音位置からすればより正しい順番での配列も見られましたが、後に、ラ行は現在の位置に置かれ、室町時代から現在と同じ順番の五十音図が見られるようになりました。

その後、仏教における秘伝であった五十音図が、庶民の手に渡ったのは江戸時代。それでも、いろは順の方が庶民に使われ続け、辞書類が五十音順に並べられるようになったのは、明治時代になってからでした。五十音図には、千年の歴史があっても、五十音順の辞書配列は、たかだか百数十年の歴史しかない。これも、不思議なことであります。

[1] 馬渕和夫（1993）『五十音図の話』大修館書店、p.166.

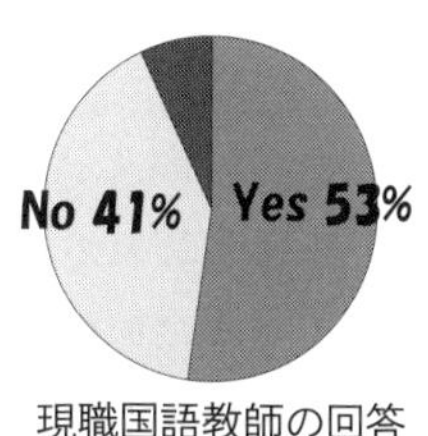

現職国語教師の回答

44 文字・表記　擬音語は片仮名、擬態語は平仮名で書くのが正しいですか。

擬態語を平仮名で書かなければいけないという決まりはありません。

一時期、小学校のテストで、**擬音語**を片仮名で、**擬態語**を平仮名で書いてないと、減点されるということが話題となりました。これは、まったくの誤りです。どこからこのような都市伝説が生じたのでしょうか。

根拠になったであろう記述が、昭和 25（1950）年の国語審議会報告「国語問題要領」[1]に見られます。

> 2　国語の現状の分析
>
> ⑹　表記法
>
> （ハ）　かたかなは、これまで漢字をまじえて公用文・学術論文などに用いられていたが、現在では、主として外来語や外国の固有名詞を書きあらわす場合と、擬声語などの場合とに用いられる。なお、意味を強めたり、見た目をきわだたせたりするために、かたかなを混用することもある。（後略）

片仮名が用いられる場合として、外来語、外国の固有名詞とともに、擬声語が挙げられていますが、「など」と書かれている点に注意が必要です。すなわち、擬態語を片仮名で書いてはいけないとも、擬態語は平仮名で書くとも書かれていません。

『小学校学習指導要領（平成 29 年告示）解説　国語編』第 1 学年及び第 2 学年の内容にも、次のような記述が見られます（太字は原文のまま、下線は筆者）。

> 1〔知識及び技能〕
>
> ⑴　言葉の特徴や使い方に関する事項
>
> ⑴　言葉の特徴や使い方に関する次の事項を身に付けることができるよう指導する。

ウ （中略）平仮名及び片仮名を読み、書くとともに、片仮名で書く語の種類を知り、文や文章の中で使うこと。

（中略）**片仮名で書く語の種類を知り、文や文章の中で使うこと**とは、擬声語や擬態語、外国の地名や人名、外来語など片仮名で書く語がどのような種類の語であるかを知り、実際に文や文章の中で片仮名を使うことを示している。

擬音語について別に述べられているわけではないですが、この記述は、擬声語を含む擬音語に適用されると考えます。すると、擬音語・擬態語、どちらも片仮名で書く（あるいは、書くことができる）と読めるだけです。少なくとも、擬態語を平仮名で書かなければならないとは言っていません。

では、一般にはどう用いられているのでしょうか。マンガは、それこそ作者の意図のまま多様ですが、新聞には目安があるようです（例は省略）[2]。

［片仮名使用］

3. 擬音語・擬声語　なるべく片仮名で書くが、平仮名で書いてもよい。
4. 擬態語　平仮名で書く。ニュアンスを出したい場合は片仮名書きしてよいが、乱用しない。

原則はあっても、結局、ニュアンス次第でどちらも使えるということです。

どこから出てくるのかわからない都市伝説は、経験に頼るばかりで法令等に立ち戻らないために生じます。思い込みを捨てて、一度、本書を頼りに法令で確認してみるといいでしょう。

[1] 文化庁国語施策情報第１期国語審議会「国語問題要領」https://www.bunka.go.jp/kokugo_nihongo/sisaku/joho/joho/kakuki/01/tosin01/index.html
[2] 共同通信社編（2016）『記者ハンドブック［第 13 版］』共同通信社、p.109.

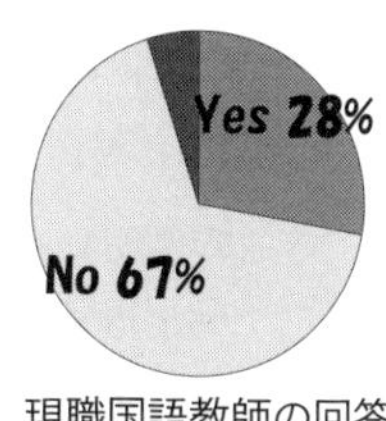

現職国語教師の回答

45 文字・表記

「ベネチア」と書くのは間違いで、「ヴェネツィア」が正しいですか。

国語的にいえば、どちらも正しい表記です。

外国語には、日本語にない発音が含まれることが多く、その表記には、古来、知恵を絞ってきました。「きゃ」や「しゅ」のような拗音や「ん」で表される撥音も、本来、日本語にはなかった音で、漢字とともに中国から伝来し、室町時代頃には日本語の音として定着したと言われています。しかし、表記は多様で、確定するには時間がかかりました。

戦国時代以降、若干のポルトガル語やオランダ語が入ってきましたが、表記を変更するほどには至りませんでした。表記の工夫が広範囲に求められるようになったのは、明治以降の文化を伴った外国語の大量輸入によるものです。日本語にない 'theater' の［θ］の音を「シ」で表すなど、近似の音の表記を当てたこともありましたが、新しい表記の工夫もあります[1]。'v' の表記では、フランス語の 'violon' を「ギオロン」(上田敏訳『海潮音』)、英語の 'violin' を「わいおりん」(尾崎紅葉『三人妻』) と書かれていますが、どれも廃れました。現代に伝わる「ヴ」の表記は、福沢諭吉の考案と言われ、江戸時代末期に『増訂　華英通語』(1860)[2]において、'Heaven' を「ヒーヴヌ」、'Venus' を「ヴエヌス」と書いた例が残っています。この「ヴ」の表記は、現代まで生き延びましたが、それ以外にも、様々な外来語表記の工夫がなされてきたのです。

さて、現代ではどうでしょうか。現代の外来語表記は、「外来語の表記」(平成３ (1991) 年　内閣告示)[3]に記されています。「外来語の表記」は、片仮名表記を２段階に分けています。紙幅の都合により簡略化して示します。

1. 第１表に示す仮名は、外来語や外国の地名・人名を書き表すのに一般的に用いる仮名とする。
   アイウエオ　カキクケコ　サシスセソ　タチツテト　ナニヌネノ　ハヒフヘホ　マミムメモ　ヤユヨ　ラリルレロ　ワ　ガギグゲゴ　ザジズゼ

ゾ　ダデド　バビブベボ　パピプペポ　キョキュキョ　シャシュショ　チャチュチョ　ニャニュニョ　ヒャヒュヒョ　ミャミュミョ　リャリュリョ　ギャギュギョ　ジャジュジョ　ビャビュビョ　ピャピュピョ　ン（撥音）　ッ（促音）　ー（長音符号）　シェ　チェ　ツァツェツォ　ティ　ファフィフェフォ　ジェ　ディデュ

2. 第２表に示す仮名は、外来語や外国の地名・人名を原音や原つづりになるべく近く書き表そうとする場合に用いる仮名とする。
イェ　ウィウェウォ　クァクィクェクォ　ツィ　トゥ　グァ　ドゥ　ヴァヴィヴヴェヴォ　テュフュ　ヴュ

文字・表記

この表によると、Venezia を「ベネチア」と書くのは、1 にあるように「一般的」な表記法であり、「ヴェネツィア」と書くのは、2 にあるような「原音や原つづりになるべく近く書き表そうとする」表記法です。どちらも、この表内に認められた表記法です。一方で、外務省は、平成 15（2003）年、それまで「ヴィエトナム」などと「ヴ」を用いて書いていたのを「ベトナム」などに統一する法改正を行いました[4]。実際、唇を噛んで発音する人も少数で、「ヴ」の表記を採用する辞書も少ないのが理由とのことのようです。外来音が日本語に根付くのは難しいようです。

[1] 勝屋英造編（1914）『外来語辞典』二松堂書店（国立国会図書館デジタルコレクション）

[2] 福沢諭吉（1860）『増訂　華英通語』（慶應義塾大学メディアセンターデジタルコレクション）

[3] 文化庁国語施策情報内閣告示・内閣訓令「外来語の表記」https://www.bunka.go.jp/kokugo_nihongo/sisaku/joho/joho/kijun/naikaku/gairai/index.html

[4] 参議院「在外公館の名称及び位置並びに在外公館に勤務する外務公務員の給与に関する法律の一部を改正する法律案（平成 15 年成立）」https://www.sangiin.go.jp/japanese/joho1/kousei/gian/156/meisai/m15603156038.htm

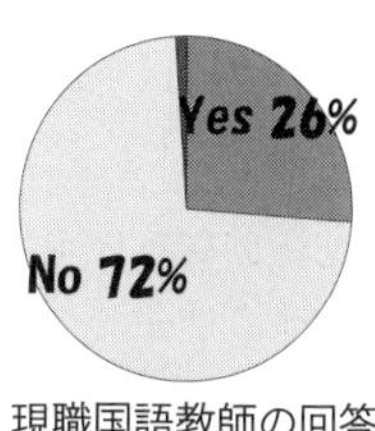

現職国語教師の回答

46

文字・表記

「きゃ」や「ヴァ」は、拗音ですか。

現代において「きゃ」は拗音ですが、「ヴァ」は拗音ではありません。

拗音という言葉は、「現代仮名遣い」に、次の音節を表す言葉として用いられています。

きゃ　きゅ　きょ　ぎゃ　ぎゅ　ぎょ　しゃ　しゅ　しょ　じゃ　じゅ　じょ
ちゃ　ちゅ　ちょ　ぢゃ　ぢゅ　ぢょ　にゃ　にゅ　にょ　ひゃ　ひゅ　ひょ
びゃ　びゅ　びょ　ぴゃ　ぴゅ　ぴょ　みゃ　みゅ　みょ　りゃ　りゅ　りょ

勘違いされることもありますが、「ゃ」「ゅ」「ょ」が拗音なのではなく、「きゃ」という音節が拗音です。「拗」は、「ねじる」の意味で、「直音」の「か」などに対応する音節「きゃ」が拗音です。

「外来語の表記」の「留意事項」にも、次のような記述が見られます[1]。

7　拗音に用いる「ヤ」「ユ」「ヨ」は小書きにする。また、「ヴァ」「ヴィ」「ヴェ」「ヴォ」や「トゥ」のように組み合せて用いる場合の「ア」「イ」「ウ」「エ」「オ」も、小書きにする。

外来語にのみ用いられる「ヴァ」や「トゥ」などは、拗音と定義されていません。拗音は、音声的に「イ」の音を、子音と母音の間の渡りの音として用いる音節（「キャ」であれば、[ka] の [k] の後に半母音の [j] を介して [a] に続く [kja]（あるいは [k^{j}a]）という音節）です。この [j] は、舌先が上顎に近づく音ですので、「きょかきょく」[k^{j}okak^{j}okɯ] のように、[j] が入った拗音と入らない直音が交互に用いられると発音がしにくくなります。これが早口言葉の言いにくい理由です。

現代では、ほとんど用いられませんが、拗音には、伝統的にもうひとつの種類があります。それは、**合拗音**(ごうようおん)と呼ばれる音です。こちらは、歴史的仮名遣いで、「火事」を「くゎじ」、「海外」を「かいぐゎい」と書くように、唇を丸める[w]を介する[kwa]を指す拗音です。現代では、東北、北陸や山陰、四国、九州で方言として聞かれますが、次第に消えつつあります。また、共通語では、明治時代には消えてしまったようです。上下の唇を合わせる拗音であることから合拗音というのに対して、通常の拗音を開拗音とも呼びます。

さて、「ヴァ」はどうでしょうか。子音部分に唇を噛む音 /v/ は、一応あるにはあります《⇒ **45**》が、いわゆる合拗音とも異なる音です。また、[j] の音を含むわけでもありません。拗音と共通するのは、小文字を添えて２文字でひとつの音節を作ることぐらいです。音の構成を考えて、拗音と区別することが重要です。

[1] 文化庁国語施策情報内閣告示・内閣訓令「外来語の表記」https://www.bunka.go.jp/kokugo_nihongo/sisaku/joho/joho/kijun/naikaku/gairai/index.html

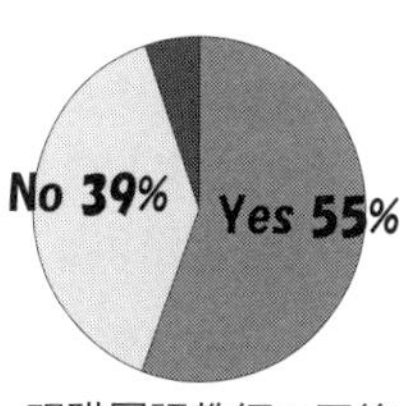

現職国語教師の回答

昔の日本では、横書きも右から書きましたか。

昔の日本語に横書きはなく、一文字ずつ縦書きで右から書きました。

世界の言語の中で、**縦書き**をする言語はどれくらいあるでしょうか。

中西亮氏[1]は、縦書きの例として、漢字、日本文字、ハングル、モンゴル文字等を挙げています。この中で、漢字、日本文字、ハングルは、右から左へ縦に文章を読んでいきますが、モンゴル文字は、中東で発生した文字から変化したものであるため、左から右へ行を追います。

漢字は、現代中国語も日本語も、右縦書きとともに左横書きも用います。しかし、漢字は、本来、横書きはなく右縦書きだけでした。横書きがなかったことから、たとえば門の上の額など横長のものには、1 文字ずつ右縦書きするしかありませんでした。その証拠が、明治 18（1885）年に発行されたお札に残っています。「券銀換兌行銀本日」と「圓壹」と書かれた下には、次のように書かれています。

明治 18（1885）年発行一圓紙幣

ここには、2 文字ずつ「此券引(このけん(と))かへ小銀貨壹圓相渡可申候(いちえんあいわたしもうすべくそうろう)也」と、右から縦書きされています。スペースの限られた場所に縦書きされたために、このような表記になったというわけです。

現代日本語のように、縦書きと横書きが併用される表記法は、世界的に見て特殊です。しかし、どちらでも書けるようになったのは最近です。日本では、明治時代に西洋語の影響で左横書きが増えてきて、第二次世界大戦後に GHQ の影響もあり、左横書きが一気に広がったようです。

さらに、昭和 27（1952）年、「公用文作成の要領」[2]が出されました。

> 第３　書き方について
>
> 　執務能率を増進する目的をもって、書類の書き方について、次のことを実行する。
>
> １　一定の猶予期間を定めて、なるべく広い範囲にわたって左横書きとする。

横書きにする理由は、昭和 29（1954）年文部省『国語問題問答（第二集）』[3]に、１書きやすい、２書いた跡をこすらないですむ、３書き終った部分が見える、４数式・ローマ字の書き方と一致する、など、９点を挙げています。特に、１は、「現代の実務に用いられるペン・鉛筆・鉄筆の書法では、うでを浮せないで書くため、縦書きよりも横書きのほうがずっと書きやすい」として、現代的な書き方である点を強調しています。

一方で、右縦書きは、日本語の文化として定着しており、また眼球運動としても縦書きが文字を追いやすいなどの研究もあります[4]。文化審議会国語分科会も、上記「公用文作成の要領」の改定を議論しています[5]ので、今後も縦書き・横書きの併存が続いていくでしょう。

[1] 中西亮（1990）『世界の文字［改訂版］』松香堂書店

[2] 文化庁国語施策情報「公用文に関する諸通知」https://www.bunka.go.jp/kokugo_nihongo/sisaku/joho/joho/kijun/sanko/koyobun/

[3] 文部省編「No.19　国語問題問答　第２集」https://www.bunka.go.jp/kokugo_nihongo/sisaku/joho/joho/series/19/19.html

[4] 井川美智子・中山奈々美・前田史篤・田淵昭雄（2006）「縦書き・横書き文章における読書時の眼球運動の比較」『臨床眼科』60(7), 1251-1255.

[5] 文化審議会「「公用文作成の要領」の見直しに関する国語課題小委員会の検討状況（案）」第 72 回国語分科会資料（令和元（2019）年 11 月）https://www.bunka.go.jp/seisaku/bunkashingikai/kokugo/kokugo/kokugo_72/

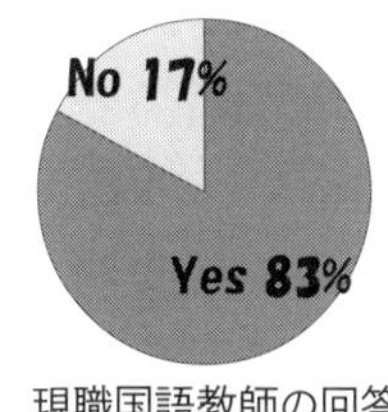

現職国語教師の回答

文字・表記

48 文字・表記

「金城つよし」をローマ字で Tsuyoshi Kinjyo と書いていいですか。

現代においては、Kinjō Tsuyoshi が正しい書き方です。

ローマ字のつづり方については、昭和 29（1954）年、内閣告示「ローマ字のつづり方」[1]に、次のように定められています。

1　一般に国語を書き表わす場合は、第 1 表に掲げたつづり方によるものとする。

2　国際的関係その他従来の慣例をにわかに改めがたい事情にある場合に限り、第 2 表に掲げたつづり方によつてもさしつかえない。

第 1 表

a	i	u	e	o			
ka	ki	ku	ke	ko	kya	kyu	kyo
sa	si	su	se	so	sya	syu	syo
ta	ti	tu	te	to	tya	tyu	tyo
na	ni	nu	ne	no	nya	nyu	nyo
ha	hi	hu	he	ho	hya	hyu	hyo
ma	mi	mu	me	mo	mya	myu	myo
ya	(i)	yu	(e)	yo			
ra	ri	ru	re	ro	rya	ryu	ryo
wa	(i)	(u)	(e)	(o)			
ga	gi	gu	ge	go	gya	gyu	gyo
za	zi	zu	ze	zo	zya	zyu	zyo
da	(zi)	(zu)	de	do	(zya)	(zyu)	(zyo)
ba	bi	bu	be	bo	bya	byu	byo
pa	pi	pu	pe	po	pya	pyu	pyo

第 2 表

sha	shi	shu	sho	
		tsu		
cha	chi	chu	cho	
		fu		
ja	ji	ju	jo	
di	du	dya	dyu	dyo
kwa				
gwa				
				wo

第１表は、田中館愛橘が考案したとされる**訓令式ローマ字**による書き方です。長音には、^をかぶせた母音字 â, î, û, ê, ô を用い、また、撥音はすべて n で書きます。「金城つよし」は、'Kinzyô Tuyosi' となります。

しかし、地名・人名等の固有名詞においては、**ヘボン式ローマ字**が広く使われています。英語の発音・表記に準拠したヘボン式は第２表に示される通りです。こちらは、長音に ¯ をかぶせ、p, b, m の前の撥音は m で表記します。「金城つよし」は 'Kinjō Tsuyoshi' となります。

どちらも体系を持ったローマ字表記である点が重要で、部分的に入れ替えて用いることは適切ではありません。また、jyo などの方法も、「ローマ字のつづり方」に定義はされていない独自の用法です。

長音は、日本語の重要な音素です。「小野」と「大野」は違うため、'Ono' と 'Ôno（Ōno）' は、本来、書き分けなければなりません。ただ、通常のローマ字にない記号を付加するのは面倒でもあります。代わりに、Ohno のような書き方を見ることがありますが、これは「ローマ字のつづり方」にはない方法です。

外務省では、基本的にパスポートにヘボン式を採用していますが、長音については、「大野」も 'Ouno' や 'Oono' ではなく 'Ono' と書くよう、注意事項に記しています。ただし、「ヘボン式によらないローマ字氏名表記」として 'Ohno' のような書き方も、「予めご相談ください」とした上で例外的に認めています[2]。

なお、平成 12（2000）年の第 22 期国語審議会答申「国際社会に対応する日本語の在り方」で、ローマ字での日本人の姓名は「姓-名」の順、つまり、Kinjō Tsuyoshi と書くことが望ましいとなりました[3]。

訓令式とヘボン式、それぞれの長所を生かし、日本語の音の区別をしつつ、外国人にも読みやすい表記をすることが望まれます。

[1] 文化庁国語施策情報内閣告示・内閣訓令「ローマ字のつづり方」https://www.bunka.go.jp/kokugo_nihongo/sisaku/joho/joho/kijun/naikaku/roma/

[2] 外務省「ヘボン式ローマ字綴方表」https://www.ezairyu.mofa.go.jp/passport/hebon.html

[3] 文化庁国語施策情報第 22 期国語審議会答申「国際社会に対応する日本語の在り方」https://www.bunka.go.jp/kokugo_nihongo/sisaku/joho/joho/kakuki/22/

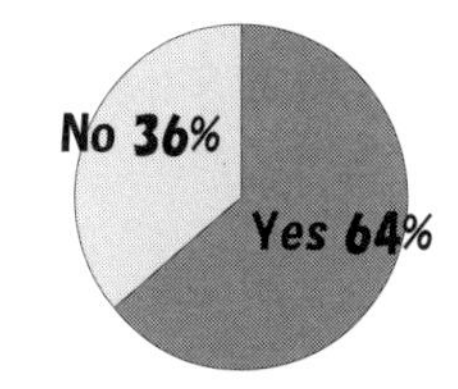

現職国語教師の回答

49 文字・表記 読点を打つ場所は、決まっていますか。

現代においては、一定の目安があるだけで、完全なルールはありません。

「。」（**句点**）と「、」（**読点**）は、日本語の基本的な書記法上のルールです。『小学校学習指導要領（平成29年告示）解説　国語編』の記述には、次のようにあります。

> 第１学年及び第２学年
> 〔知識及び技能〕１ 言葉の特徴や使い方に関する事項
> ウ　長音、拗音、促音、撥音などの表記、助詞の「は」、「へ」及び「を」の使い方、句読点の打ち方、かぎ（「 」）の使い方を理解して文や文章の中で使うこと。（後略）
>
> 句点については、文を書く際には、文末に必ず句点を打つように指導し、文意識を育てていくようにすることが大切である。読点については、文頭の接続語などの後、主語の後、従属節の後、並列する語の後など必要な箇所に打つことを理解することが重要である。

第３学年及び第４学年でも、前半でほぼ同様の内容を述べていますが、続けて、「（特に読点は）それらに加え、文を読みやすくまた分かりやすくするために、文脈に合わせて適切に打つことができるようにすることが求められる。その際、『カ　主語と述語との関係、修飾と被修飾との関係、指示する語句と接続する語句の役割、段落の役割について理解すること。』と関連付けて指導することが有効である」とも付け加えています。「指示する語句」と句読点を結びつけることはさておき、文節間の関係を適切に表すには、読点を正しく用いることが大切です。読点は、文法を表現する装置ともなるのです。

文部省は、昭和21（1946）年「くぎり符号の使ひ方〔句読法〕（案）」[1]を出しています。読点「、」について、間違えやすいものを挙げてみます。

三、テンは、第二の原則として、副詞的語句の前後にうつ。

その上で、口調の上から不必要のものを消すのである。

〔附記〕この項の趣旨は、テンではさんだ語句を飛ばして読んでみても、一応、文脈が通るやうにうつのである。（略）接続詞、感嘆詞、また、呼びかけや返事の「はい」「いゝえ」など、すべて副詞的語句の中に入る。

紙幅の都合でこれだけにしますが、ここには、主題の「は」の後の読点も含まれます。「私は、反対です」も口調の上で不必要な読点を消した「私は反対です」も認められています。なお、読みとの関係については、**27** を参照してください。

ただし、これも「案」とあるように、完全な施行には至っていません。また、平成 16（2004）年の文化審議会国語分科会第 23 回会議[2]でも議論があって、結局、句読点の完全なルール化は難しいという意見があります。結局、目安のみがあるという状態なのです。

さて、横書きの文章では、「、」の代わりに「，」を使うべきだという意見もあります。これは、**47** にも挙げた昭和 27（1952）年「公用文作成の要領」に見られるルールです。ただ、実際の社会生活においては、「、」も多く用いられることから、文化審議会国語分科会で議論が続いていることだけ補足しておきます。

[1] 文化庁国語施策参考資料「くぎり符号の使ひ方〔句読法〕（案）」https://www.bunka.go.jp/kokugo_nihongo/sisaku/joho/joho/kijun/

[2] 文化審議会「国語分科会第 23 回議事要旨」https://www.bunka.go.jp/seisaku/bunkashingikai/kokugo/kokugo/kokugo_23/gijiyoshi.html

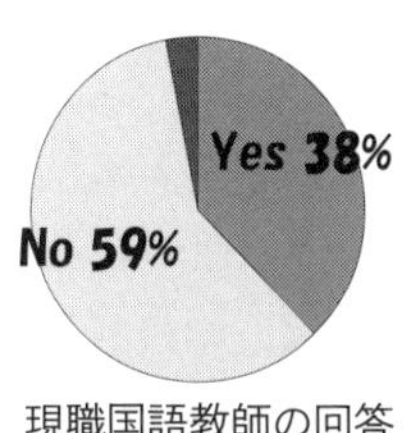

現職国語教師の回答

50
文字・表記

日本語で「？」を使うのは、許されていますか。

使ってはいけないという明文化されたルールはありません。

昭和 21（1946）年「くぎり符号の使ひ方〔句読法〕（案）」には、次のように記されています[1]。

符号　？
準則
一、疑問符は、原則として普通の文には用ひない。たゞし必要に応じて疑問の口調を表す場合に用いる。
(1)「えゝ？　なんですつて？」
二、質問や反問の言葉調子の時に用ひる。
(2)「さういたしますと、やがて竜宮へお著ママきになるでせう。」
「竜宮へ？」
三、漫画などで無言で疑問の意をあらはす時に用ひる。

疑問符は、「必要に応じて」使うことが許されています。昭和 37（1962）年に表記の問題をとりまとめた『国語表記の問題』[2]という小冊子には、疑問符について簡単に触れられるだけで多くありませんが、やはり使用してはいけないとは述べていません。

「元来、日本語には『？』はなかったから使わない」という考えもありますが、それを言えば、句読点すら、伝統的に用いられてきたかには疑問もあります。『マイペディア』（電子辞書版）によれば、句読点は「江戸時代以降、西欧語の表記法の影響を受けてしだいに普及した」とありますので、疑問符を含む句読点は、西欧語の影響で近世・近代に一般化したと言えるでしょう。

では、学校教育においては、どうでしょうか。『小学校学習指導要領』にも『中学校学習指導要領』にも、国語科において疑問符に関する記述はありません。

句点・読点の記述はありますので、くぎり符号としての疑問符は、学校教育で教えるべき書き方ではないようです。

しかし、「？」が表す上昇調イントネーションがないと、文意が変わってしまう場合もあります。国語の縦書き本文の教科書においては、原則として使用されていませんが、「本当ですか。」や「本当なの。」のように、イントネーション次第で疑問とも納得とも言える文などは、どう読んだらよいかわからないこともあります。疑問符が使えないと、やはり不便です。

現段階で、明確な疑問符の使用に関する指針がない以上、慣習通り、縦書きの文章では用いないことを原則にするしかありません。しかし、横書きの作文などにおいては、イントネーションがないと紛らわしい例などで、ある程度認めていく必要があるといえるでしょう。

[1] 文化庁国語施策参考資料「くぎり符号の使ひ方〔句読法〕（案）」https://www.bunka.go.jp/kokugo_nihongo/sisaku/joho/joho/kijun/

[2] 文部省編（1962）「No.56　国語表記の問題」https://www.bunka.go.jp/kokugo_nihongo/sisaku/joho/joho/series/56/56.html

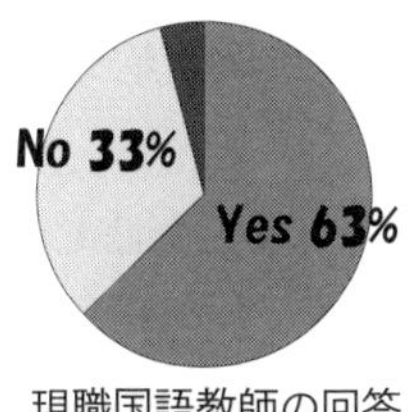

現職国語教師の回答

51
文法

日本語に主語はありますか。

英語ほどはっきりした特徴はありませんが、主語と認められる特徴は、日本語にもあります。

日本語の文法の基礎は、おおざっぱに言えば、明治時代に西洋語の文法を参考に作られました。その際、**主語**という考え方も、日本語に持ち込まれました。

英語など多くの西洋語では、主語が、他の目的語等から切り離され、動詞の前に置かれます。さらに、主語は、英語でいう三人称単数現在、いわゆる「三単現」の‘-s’を動詞に付けるなど、活用に関与します。主語を特別扱いする理由が、英語などの西洋語には一般的にあるのです。

日本語ではどうでしょうか。日本語では、主語も目的語も、さらには、日時や場所を表す名詞句も、すべて動詞の前に置かれます。主語だけが特別の位置に置かれるわけではありません。英語における三単現の‘-s’のような変化を引き起こすこともありません。これらの特徴から、主語がない、あるいは主語を特別扱いをする必要がないと主張する人もいるようです。

しかし、『小学校学習指導要領（平成29年告示）』「第2章 各教科　第1節 国語」には、「主語」という言葉が見られます。

> 第2　各学年の目標及び内容
> 〔第1学年及び第2学年〕2 内容〔知識及び技能〕
> (1)　言葉の特徴や使い方に関する次の事項を身に付けることができるよう指導する。
> カ　文の中における主語と述語との関係に気付くこと。
> 〔第3学年及び第4学年〕2 内容〔知識及び技能〕
> (1)　同
> カ　主語と述語との関係、修飾と被修飾との関係、指示する語句と接続する語句の役割、段落の役割について理解すること。

教えなければならない概念なのですから、「主語はない」と叫んでも、小学校では困ります。もちろん、「第 10 節 外国語」でも英語の「主語」は出てきます。

では、本当に、日本語には主語と認められる特徴がないのでしょうか。英語の三単現の '-s' のように、わかりやすい活用への関与はありませんが、日本語では、「犬が走る」に対して「校長先生がお走りになる」のように、主語が尊敬すべき人の場合にのみ、尊敬語が用いられます。また、「私は悲しい」とは言えても、「彼女は悲しい」とはふつう言わないなど、主語が一人称の場合にのみ使える感情形容詞があります。主語だけがもつ特徴がある、すなわち、主語はあるのです。

ただ、日本語では、この主語を表す形式が難しいのです。一般的に、小学校では「◯◯がどうした」や「◯◯がどんなだ」が主語であると、形の特徴から教えます。ここに、「◯◯はどうした」など、「は」を入れることがありますが、これは要注意です。「～が」と「～は」で表される名詞句が主語であるということで、9 割方はよくても、そうでない場合があるからです。「その本は、駅の書店で買いました」のように、目的語の「その本を」について述べるという気持ちを、**主題**として「～は」で取り立てて示すこともあります。この場合の「～は」は、必ずしも主語ではありません。一方、「～が」も主語以外の場合があります。「～が好きだ」や「～が食べたい」などでは、目的語が「～が」で示されています。

学校で、「～が」や「～は」が主語だと教える際に、子供たちに自由に言わせると、主語でない形が必ず出てきます。小学生に詳しく教える必要はありませんが、主語でない「～が」や「～は」があることも、先生は知っておくとよいでしょう。

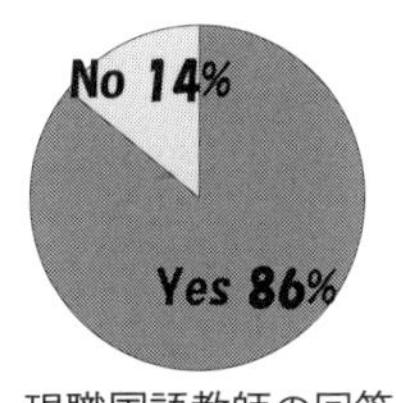

現職国語教師の回答

日本語には、決まった語順がありませんか。

日本語の語順は、比較的、自由ですが、もっとも自然な語順はあります。

語順といえば、国語ではなく英語の時間に出てくる用語という印象がありますが、実は日本語でも語順は大切です。「信号が青から赤に変わる」は、ふつう、「×信号が赤に青から変わる」といいません。また、「太郎が花子に手紙を渡した」は、この動作主体の「太郎が」が最初に置かれ、受け取る人の「花子に」が続き、最後に「手紙を渡す」という動作が示されるのが自然な語順です。やはり、日本語にも、より自然な、**基本語順**というものがあるのです。

『小学校学習指導要領（平成 29 年告示）』「第２章 各教科　第１節 国語」にも語順に関する記述があり、さらに、『中学校学習指導要領（平成 29 年告示）解説　国語編』には、次のような記述があります（下線は筆者）。

> 第２学年　１〔知識及び技能〕
>
> (1)　言葉の特徴や使い方に関する事項
>
> オ　単語の活用、助詞や助動詞などの働き、文の成分の順序や照応など文の構成について理解するとともに、話や文章の構成や展開について理解を深めること。
>
> 文の成分の順序とは、文を組み立てている主語、述語、修飾語、接続語、独立語などの並ぶ順序、つまり語順のことをいう。照応には、主語と述語との照応や修飾語と被修飾語との照応などがある。つまり、文の成分の順序や照応など文の構成について理解するとは、語順や語の照応によって表現がどのように変わってくるかを、様々な文型について考え、理解することであり、これを通して文の成分の順序や照応などの文の構成について着目させることが重要である。また、日本語と外国語とを比較し、それぞれを相対的に捉えることによって、日本語の文の構成についての気付きを促すことも考えられる。

この他に、倒置に関する記述もあり、語順を重視する姿勢がうかがわれます。何度も言い換えて口にすれば、より自然な語順に行き当たります。まずは、自然な語順を知ることが大切です。

しかし、次の下線部のような場合、単独の文で考えれば、やや不自然な語順であると感じるものの、文章の中では自然に感じます。

> 「やっぱり此処で一番重かったのはあいつだったのかな？　が、あいつがとうとう死んでしまったとすると、こんどは？　……ああ、あんなことを院長が言ってくれなければよかったんだに……」　（堀辰雄『風立ちぬ』より）

「院長があんなことを言ってくれなければよかったんだに」と言っても事実は変わりません。むしろ単独の文としては、この方が自然でしょう。しかし、「あんなこと」の内容が先に示されており、それを感慨をもって文頭の感動詞に続けて示すことで、真っ先に述べたいことが口をついて出た印象を与えます。

日本語には、まず、単独の文で自然に感じる基本語順があります。それが、文と文とのつながりを考慮して変わることもあります。これが、日本語の語順のルールなのです。

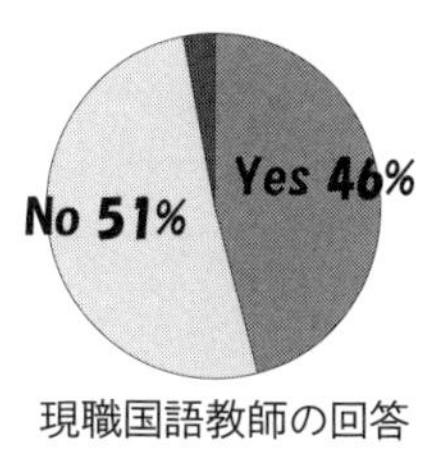

現職国語教師の回答

53
文法

「書かせられた」は間違いで、正しくは「書かされた」ですか。

「書かされた」も「書かせられた」も、正しい使役受身形です。

助動詞は、『中学校学習指導要領（平成29年告示）』「第２章 各教科　第１節 国語」に、中学校第２学年の学習項目として位置づけられています。

第２学年　２内容
１〔知識及び技能〕
(1)　言葉の特徴や使い方に関する次の事項を身に付けることができるよう指導する。
オ　単語の活用、助詞や助動詞などの働き、文の成分の順序や照応など文の構成について理解するとともに、話や文章の構成や展開について理解を深めること。

しかしながら、具体的に助動詞について何を教えるべきかは『同 解説』にも示されず、教科書でも助動詞の活用表と意味を載せるのみです。正しい形についても、学習指導要領に示されているわけではありません。

使役の助動詞は、一般に「せる・させる」のみが教科書に載っています。つまり、現代共通語として「書く」や「食べる」の使役形は、「書かせる」と「食べさせる」のみが認められた形だということです。実は、これが問題なのです。使役の助動詞にさらに受身の助動詞を付けると、「書かせる」「食べさせる」からは、「書かせられる」「食べさせられる」の形が得られます。この**使役受身形**が文法的に正しい形であることは、理解できます。

問題は、一般に使われる五段動詞の使役受身形「書かされる」が、この助動詞表からは出てこないことです。これは、助動詞表の明らかな不備と言っていいでしょう。「書かされる」の中にある「書かす」という使役形を得るためには、使役の助動詞として五段動詞未然形に付く「す」を認めないといけないからです。

五段動詞の使役受身形

書かされる　：書か［五段動詞の未然形］＋さ［使役の助動詞「す」の未然形］＋れる［受身の助動詞「れる」の終止形］

書かせられる　：書か［五段動詞の未然形］＋せ［使役の助動詞「せる」の未然形］＋られる［受身の助動詞「られる」の終止形］

長々と説明してしまいましたが、助動詞の活用表がおかしいと気付いている先生方も多いでしょう。どうぞ、堂々と、使役の助動詞に「す」を書き入れてください。ただし、「書かさない、書かして、書かす、書かせば、書かそう」という活用の中には、やはり、「書かせない、書かせて、書かせる、書かせれば、書かせよう」という助動詞「せる」を付加した形の方がよく使われるものもあるでしょう。また、古典文法のように、一段動詞系動詞に付く「さす」まで加えると、「食べさされる」という使役受身という形が得られてしまいます。これは、関西方言ではよく用いられても、共通語では聞き慣れない形です。

形式の問題はさておき、使役受身は、中学生の作文では使用を検討すべき重要な表現です。「そのニュースを聞いて、あらためて貧困問題について考えた」と、「そのニュースを聞いて、あらためて貧困問題について考えさせられた」では、深刻さが異なります。たしかに、なんでも「考えさせられた」と使えば主体性が感じられなくなりますが、「思った」、「考えた」、「考えさせられた」など、多様な表現から自分の述べたいことや気持ちを適切に表現する候補のひとつと考えるとよいでしょう。

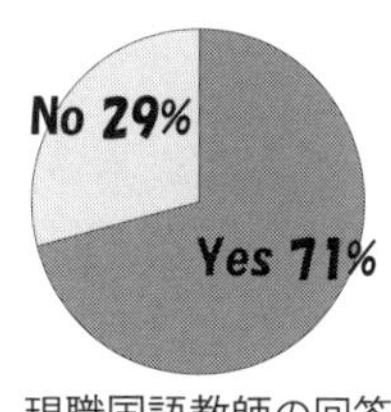

現職国語教師の回答

54
文法

推量と推定は、同じものですか。

推量は根拠がなくとも使えますが、推定は根拠から導き出される考えです。

前項と同じく助動詞の問題です。助動詞も、名前を答えれば終わりという暗記中心の時代は終わりました。教育界全体に、AIの時代に対応し、考えさせる教育が求められる現代、助動詞は、表現の差を考える格好の素材といえます。

たとえば、「雨が降るだろう」（**推量**）と「雨が降るようだ」（**推定**）は、どう違うのでしょうか。実は、根拠のあり方が異なります。指で風向きを確かめたときは、「雨が降るだろう」と言えても、「雨が降るようだ」とは言いにくいでしょう。それは、確固たる根拠がないからです。反面、気象予報士がデータを集めて判断を下す場合はどうでしょうか。「雨が降るようだ」と言うことはあっても、「雨が降るだろう」とは言わないでしょう。根拠から推論した結果を述べるのが推定だからです。

いやいや、天気予報では「雨が降るでしょう」と言っているじゃないかという方がいるかもしれません。あるいは、気象予報士なんだから、「雨が降る」と断定すればよいではないかという考えもあるでしょう。もちろん、気象予報士は、自信があることを身近な人に伝えるのであれば、断定するでしょう。それ

を、あえて他者に伝える場合には、あえて断定を避け推量を使ってやわらかく言う場合もあるのです。これは、断定や推量といった判断の違いではなく、伝え方による形式の選択です。

『中学校学習指導要領（平成29年告示）解説　国語編』「第２節　第２学年の内容　１〔知識及び技能〕(1)言葉の特徴や使い方に関する事項　オ」では、さらに、「『かもしれない』、『に違いない』などの助動詞と同じ働きをもつ語句について、文脈の中でどのような働きをしているかに注意して、話や文章の中で使うことができるようにすることが重要である」とも述べています。

これらの表現は、推量や推定と同じく、話し手の判断のしかたを表す形式です。「かもしれない」は、根拠があってもなくても単純にその事態が生じる可能性があると思ったことを示し、「に違いない」は、根拠があってもなくても確信をもって述べていることを表します。「雨が降るかもしれない」というのは、降らないかもしれないわけで、発言は無責任です。言い方ひとつで、話し手がどのような根拠に基づいて判断し、どの程度の確信をもって述べているかが異なってきます。児童が発表をする際、このような文法的観点からの指導も効果的です。

助動詞については、「だろう」が、「断定の助動詞の未然形「だろ」に推量の助動詞「う」が付加されたもの」という説明がなされていますが、このような訳のわからない説明も、もう止めにしましょう。断定と推量という、２つの異なる判断が続くことは、通常ありえません。「だろう」全体が推量を表す助動詞なのです。

もう、形式を「断定」や「推量」、「推定」のような文法用語に結びつけて終わりという学習は、正直時代遅れです。それぞれの助動詞が文脈の中で担っている働きを、適切な言葉で理解し、その上で、適切に使用できるようにすること、それが、これからの時代の国語教育における助動詞の勉強なのです。

現職国語教師の回答

55 文法 「常温では固まりづらいゼリー」は、正しい表現ですか。

流行しつつある表現ですが、「固まりにくい」が規範的な表現です。

『中学校学習指導要領（平成29年告示）解説　国語編』「第２節 国語科の内容」には、次のような記述があります（太字は原文のまま）。

> ２〔知識及び技能〕の内容
> (1)　言葉の特徴や使い方に関する事項
> ○ 語彙
> 　語句の量を増すことに関しては、第１学年では、**事象や行為、心情を表す語句の量を増し**、第２学年では、**抽象的な概念を表す語句の量を増し**とするなど、各学年において、指導する語句のまとまりを示している。（中略）また、第３学年では、**理解したり表現したりするために必要な語句の量を増し**とし、義務教育修了段階として、全ての語句を対象に指導することを示している。

語彙量の継続的増大を目標に、国語教育は行われています。おいしくても困惑しても「ヤバい」で済ませてしまうことの何が問題かというと、この語自体を野卑であると感じる人の多さもありますが、それ以上に、この表現の意味する内容が貧弱だからです。中学校で学ぶ、より細かく気持ちや物の性質を豊かに表現できる多様な語句を、「ヤバい」の代わりに実生活で使えてこそ、この『学習指導要領』で目指す語彙量が増したと言えます。

しかし、「ヤバい」は問題とされても、同じ問題を抱えている「～づらい」は看過されがちです。「～づらい」を様々な辞書で引けば、「その動作をする際に、心理的抵抗が大きい場合に用いられる」のように書かれています。つまり、主語が意志的動作をする場合にこそ、「～づらい」は用いられるのです。最初に挙げた「固まりづらい」や「音が聞こえづらい」などは、主語の意志的動作ではないため、違和感があるという人も多くいます。それどころか、「～づらい」に本来含まれていた「心理的抵抗が大きい」ことを捨象し、どんな動詞に対しても「～づらい」を付けることは、何にでも「ヤバい」と言ってしまうことと同様、表現を貧弱にしてしまいます。

中学校1年生は、心情を表す語句を増やすべき段階ですので、この時期にこそ、困難さを表す表現には、心理的抵抗が大であることを含む「～づらい」と、含まない「～にくい」の両方を使えるよう指導し、より豊富な語彙での表現を楽しめるとよいですね。

そもそも、いったいなぜ、このような「ヤバい」や「～づらい」のような表現が広く用いられるのでしょうか。流行語を使う理由は、連帯感です。人と同じ表現を使って親しくなりたいという気持ちが、このような言葉を使わせると考えることもできます。つまり、悪気はなく、むしろ積極的な面もあるということです《⇒ 6, 80》。反面、細かな表現の機微は損なわれます。そのせめぎ合いです。

中学校では、友達同士で用いる場合には、流行の言葉を使う理由を認めつつも、『中学校学習指導要領』にあるように、場面に応じて使い分けられる語句や表現の量を増す努力をすることが求められています。

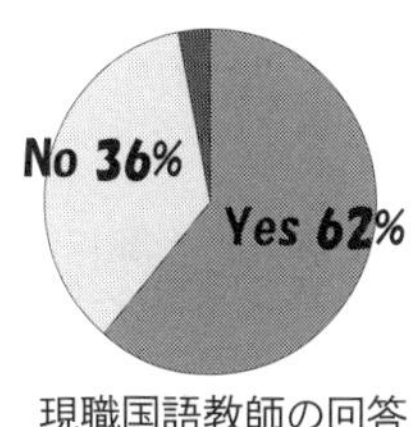

現職国語教師の回答

56 文法 「元気がいい」の「元気」は、名詞ですか。

学校文法では、形容動詞が基本です。

『中学校学習指導要領（平成29年告示）解説　国語編』第1学年には、次のような品詞に関する記述があります（太字は原文のまま）。

> 1〔知識及び技能〕
> (1)　言葉の特徴や使い方に関する事項
> エ　単語の類別について理解するとともに、指示する語句と接続する語句の役割について理解を深めること。
>
> **単語の類別について理解する**とは、単語がその性質から自立語と付属語とに大別されること、更に幾つかの品詞に分類されることなどについて理解することである。それぞれの単語のもつ文法的な役割とともに、それぞれの品詞が文のどのような成分になるかなどを理解することを求めている。

品詞分類は、中学校で必ず教えなければならない事項ですが、常に中学生が戸惑うのは、複数の分類基準が混ざっていることです。その基準とは、自立語・付属語の分類、活用の有無、活用の型あるいは文中での機能という、3層からなる個別には独立した基準です。

「速く」が形容詞で、「ゆっくり」が副詞であることを理解できない生徒には、この3つの基準の順序を考えさせるとよいでしょう。品詞分類表は、上から、そして同じレベルでは右から読んでいきます。これは、日本語の縦書き文を読む順序と同じです。こうすれば、活用のある「速く」が形容詞であることに気付くでしょう。

品詞は、一般に活用がある方から分類をします（図1）。すると、「元気」は、「元気だろ-、元気だっ-/-で-/-に-、元気だ、元気な、元気なら」と活用すると認められるため、形容動詞となります。「元気がいい」の「元気」は、その

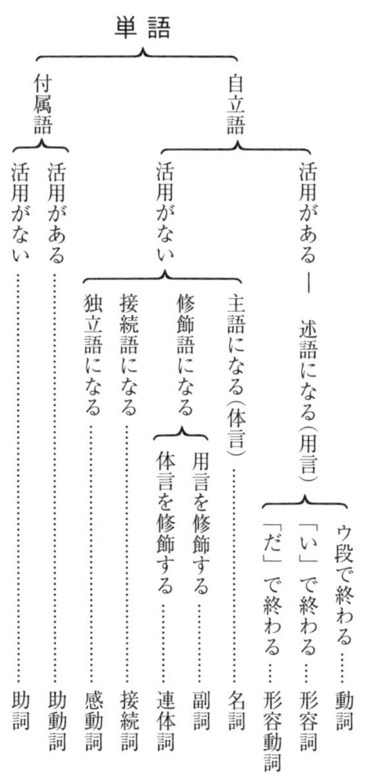

図１　品詞分類表[1]

形容動詞の語幹が独立した用法と考えます。

以上が、学校文法での基本的な考え方ですが、実際には、「元気」を名詞と捉える研究者もいます。また、辞書等に「元気」は、名詞と形容動詞が併記されていることもあります。

どちらの見方もあるという現実的な捉え方ですが、品詞分類の観点で言えば、「元気」を名詞として認めると矛盾が生じます。まず、「元気」を名詞とするならば、自立語の下に「活用がない」類を先に挙げなければなりません。しかし、そうなると、「元気だ」は、「本だ」と同様、「名詞＋助動詞」となり、形容動詞という品詞は認められなくなってしまいます。

『中学校学習指導要領　解説』には、「形容動詞」という言葉がありますので、自立語のうち、「だ」で終わって活用があるものをまず「形容動詞」として認めなければなりません。そして、その語幹を取り出したものが「元気」として、名詞にもなる。今のところ、このような説明がもっとも順当であると考えます。

[1] 山田敏弘（2004）『国語教師が知っておきたい日本語文法』くろしお出版、p.2.

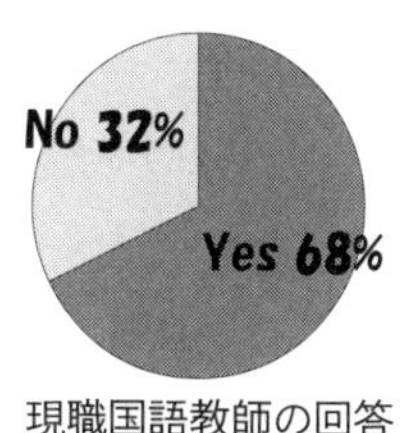

現職国語教師の回答

57

文法

「おめでとうございました」は、間違った日本語ですか。

日本語の「た」は、英語の過去・完了と捉え方が異なります。

英語で、「おめでとう」や「ありがとう」は、過去形になりません。だから、日本語の「おめでとうございました」や「ありがとうございました」は間違いだという人がいます。この考え方は、正しいのでしょうか。

言語が異なれば、文法も異なります。上のような考え方で言えば、日本語の動詞も、主語の次に来なければならないことになります。これがおかしいことはすぐわかりますが、文法の細部においては、英語の考え方を持ち込む人が意外と多くいます。国語の教師がきちんと母語の文法を教えることで、文法といえば英語で学ぶものという生徒たちの思い込みを変えられます。こうして、『学習指導要領』の基本となる「学校教育法」第二十一条　五項「生活に必要な国語を正しく理解し、使用する基礎的な能力を養うこと」を実現することができます。

さて、日本語の「た」には、次の用法があります[1]。

① 過去　現在より以前のこと。　例　昨日は寒かった。
② 完了　物事が終了し、動きが止まること。　例　作品が完成した。
③ 存続　ある状態が続いていること。　例　高くそびえた山々。
④ 確認　思いだし、思い当たること。　例　これは君のだったね。

①と②の区別は、別に譲る《⇒ **61**》として、③の存続は、名詞の前に置かれた場合のみの限定された用法で、「～ている」と置換できるという性質をもっていますので、比較的簡単です。今は、④の確認に限定して考えていきましょう。

④の**確認の「た」**とは、「明日の会議、何時からでしたか」のような用法です。まだ起きていない未来の出来事に対して「た」を用いることからもわかるように、出来事の成立時と、話し手の認識時がずれています。話し手は、過去に聞いた未来の出来事に関する情報を確認しようとして「た」を用いています。ファミ

リーレストランなどで聞かれる「こちらでよろしかったですか」も、過去に聞いたことの確認であれば、この用法であり、間違いではありません。この「た」は、出来事の成立する時点ではなく、話し手が出来事成立の認識を最初にもった時点を指す「た」なのです。

日本語には、このように出来事成立時と認識時とのずれを表す、いくつかの時間表現が存在します。バスがまだ到着していなくともバスの到着を認識した際に言う「バスが来た」は、未来に成立するであろう出来事の認識が直前に成立したことを述べるというタイプです。反面、「ありがとうございました」などは、気持ちは現在あってもその基となる出来事が過去というタイプです。これらはいずれも、そのまま④の確認用法とは言えませんが、出来事成立時と認識時とにずれがあるという点では共通点があります。日本語のルール（文法）の中では、どれも正しい用法なのです。

さて、『中学校学習指導要領（平成 29 年告示)』には、「国語科の指導計画の作成と内容の取扱い」として、「⑺ 言語能力の向上を図る観点から、外国語科など他教科等との関連を積極的に図り、指導の効果を高めるようにすること」との文言が見られます。 また、『同 解説　国語編』にも、「国語科の学習内容が外国語科等の学習に結び付くよう指導の時期を工夫すること」とあります。このことは、日本語の文法を、外国語の文法に合うように捉えよということではありません。国語だけに通用する文法ではなく、多くの言語に普遍的に通用する文法の中で、日本語と英語といった個別言語に存在するルール（文法）をよく知ることが大切です。

[1] 光村図書『国語 2』(平成 29 年度版)「文法 3　付属語」p.254.

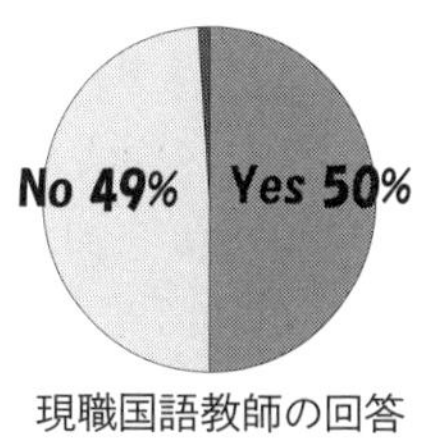

現職国語教師の回答

文法

58

文法

日本語に複数形はありませんか。

「彼」と「彼ら」は指す対象が違います。

英語にはbookに対するbooksのように**複数形**があるが、日本語では何冊あっても「本」は「本」で形が変わらない。「やせ蛙負けるな一茶これにあり」（小林一茶）の戦っている「蛙（かえる）」は1匹だろうが、「古池や蛙飛びこむ水の音」（松尾芭蕉）の「蛙（かわず）」は何匹かわからない。日本語に複数形はないというのが、一般的な常識です。

しかし、それは一般的な名詞の場合であり、複数形があるものもあります。

まず、人を示す名詞は、単数と複数が区別されます。たとえば、「彼に聞いた」と「彼らに聞いた」では、情報源が異なります。情報源が2人以上いる場合には、「彼に聞いた」とは言えません。たしかに、「私には、兄がいる」と言っても何人の兄がいるかわかりませんが、「兄が勉強を教えてくれました」と言うと、それは1人の「兄」です。存在を示す場合には単複の区別がなくても、複数主体の動作を表す場合には、複数を表す形を使わなければならないのです。

このように、物は単複同形でよいけれど、人のように区別が大切な対象は単複を区別するのが、日本語のルールです。ただし、日本語の「〜ら」や「〜たち」は、厳密には複数表示とは異なります。「兄たち」は、「兄」が複数いる場合もありますが、「兄と弟」、「兄とその友人」であってもかまいません。

さて、名詞の中には、「山々」や「星々」のように繰り返して数が多いことを示す言葉もあります。なぜ「川」や「海」は繰り返して言わないのでしょうか。「馬」や「犬」はどうでしょうか。その理由は不明です。語個別に決まっているとしかいえません。

ただ、この繰り返しによる複数表示は、オノマトペの場合と同じ原理です。擬音語は、鐘が一回だけ鳴れば「ゴンと鳴った」と言い、繰り返し鳴れば「ゴンゴン（と）鳴った」と繰り返して言います。擬態語でも、「ゆらっと揺れた」は一回きりで、「ゆらゆら（と）揺れた」は複数回と決まっています。このように、日本語の出来事の複数回性・持続性は、義務的に繰り返し形式（畳語）で表されます。

そもそも、複数表示は、なぜ必要なのでしょうか。英語のテストで複数表示を忘れようものなら、注意力が足りないと減点されてしまうでしょう。数えられない「水」を ‘waters’ としたら、それも認められません。日本語にない区別は難しいものです。これは、古代から英語の祖先の言語にもあった区別ですが、そもそもの起源は、「たまたま単数と複数に分けた」というだけのことでしょう。世界には、アラビア語の一部など、２つの場合も特別に取り出して、単数、双数、複数と三段階に分ける言語もありますので、注目する点がたまたまそうなっているといってもよい程度のことかもしれません。その複数表示というルールを律儀に ‘book’ などの物を表す名詞に対して使う英語と、動作を行う人と出来事に対してしか原則使わない日本語がある。それだけのことなのです。

現職国語教師の回答

59
文法

「漁師になるんだ」の「んだ（のだ）」は、強い意志を表す表現ですか。

聞き手に説明したり説明を求めたりする態度を表す文末表現です。

54でも述べましたが、『中学校学習指導要領（平成29年告示）解説　国語編』には、助動詞に加えて、「『かもしれない』、『に違いない』などの助動詞と同じ働きをもつ語句について、文脈の中でどのような働きをしているかに注意して、話や文章の中で使うことができるようにすることが重要である」と述べられています。この、「助動詞と同じ働きをもつ語句」のうちで、もっとも重要で、かつ、あまり知られていない表現が「のだ（のです）」です。

「のだ」には、大きく分けて、２つの働きがあります。①聞き手に説明したり説明を求めたりする態度を表す、②前の文脈を言い換えてまとめて表現する、の２つです。

①のような**説明の「のだ」**は、たとえば、「あなた、学生ですか？」と「あなた、学生なんですか？」を比べてみるとわかります。後者の方が疑いの気持ちが強く感じられます。これが、説明を求める態度です。「どうして」という説明を求める気持ちが強く表される疑問詞は、常に文末に「のだ」を要求します。「のだ」なしに、「どうして、国語を勉強しますか」とは、ふつう言いません。

②の、前の文脈を言い換えて表現する用法は、説明文で頻用される表現です。たとえば、「北極圏では、古い動物の骨の周りに花々が咲いていました。厳しい自然の中では、わずかな栄養分も無駄にはならないのです。」[1]という２文では、「骨の周りに花が咲くこと」を「植物はわずかな栄養分を無駄にしない」と言い換えて示しています。これが**換言の「のだ」**です。このような言い換えは、多く、段落の最後の文に用いられ、その段落の内容をまとめて表現する際に用いられています。この「のだ」を追っていくと、筆者の言いたいことがおおよそまとめられます。

また、「ペンギンは、潜水の開始と終了をわざと一致させている。野生のペンギンにとっては、捕食者に食べられないことも重要なのだ。」[2]のような２文があったとすると、ペンギンが行動を一致させる理由として、２文目を述べていることがわかります。

この「のだ」は、助動詞として規定されていないために、伝統的な国語教育では教えません。それどころか、現在小中学校で教えている先生方が大学で学んできた頃にもまだ研究の途上にあったため、教わった方も少ないでしょう。ですから、立松和平『海の命』にある、「おれは漁師になる。おとうと一緒に海に出るんだ」の中の「んだ（のだ）」を、「強い意志を表す表現」と教えていてもしかたがないのかもしれません。しかし、これは、「おれは漁師になる」という１文目に込められた意志表明を正しく理解していない解釈です。漁師になること、それはすなわち、おとうと一緒に海に出ることなのだと、換言の「のだ」と捉えるのが正しい解釈です。

研究が進んで新しくわかったことを不断に取り入れていくことは、たいへんなことです。しかし、経験だけで教えても正しいことを子供たちに伝えられません。本書を手に取ってくださっている先生方には不要なアドバイスですが、ぜひとも教員免許状更新講習などで、新しい知識を取り入れてください。

[1] 星野道夫著「森へ」（光村図書『国語六』（平成 29 年度版）所収、p.65）を参考にして例文を作成した。

[2] 佐藤克文著「生物が記録する化学―バイオロギングの可能性―」（光村図書『国語 2』（平成 29 年度版）所収、p.47）を参考にして例文を作成した。

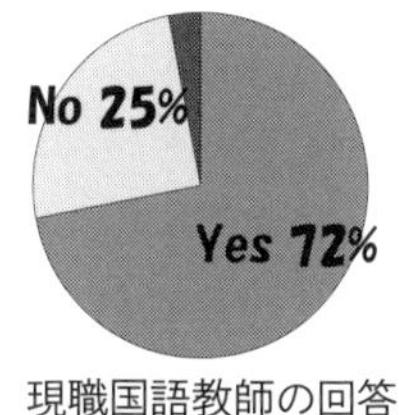

現職国語教師の回答

60 文法 「学校まで歩く」の「まで」は、格助詞ですか。

「まで」には、2種類あり、「歩く」の目的地を表すのは格助詞の「まで」です。

学校文法には、いくつもの不備があります。いつまで経っても直されないこの誤りは、まっとうに考えて答えを出そうとする生徒たちを苦しめます。これでは、考える教育はできません。

そのひとつに、「まで」の分類があります。学校文法の「まで」は、**副助詞**です。副助詞とは、「いろいろな語句について、意味を付け加える」助詞で、他には「は」、「も」、「こそ」、「しか」、「だけ」、「ほど」、「など」、「だって」、「でも」、「さえ」、「ばかり」、「くらい・ぐらい」、「ずつ」、「か」、「とか」、「なり」がこの類に入れられます。

副助詞の「まで」は、「子供にまで笑われた」のように、極端な例を示して、それよりもふつうに考えつく例は当然そうする（そうである）ことを示します。「子供に笑われる」のであれば、「大人は当然笑ったであろう」ということが示唆される、これが副助詞の用法です。

しかし、「学校まで歩く」という場合に、このような極端な例という意味があるでしょうか。また、「家から学校まで歩く」の「から」は**格助詞**として、「歩く」と「家」という名詞を結びつけています。この「から」が格助詞なのに、「まで」は副助詞なのでしょうか。それではバランスがとれません。この「まで」は格助詞なのです。

学校で、なぜこの「まで」を副助詞と教え続けるのでしょうか。たしかに、「まで」は、語源的に副助詞であったのかもしれませんが、だからと言って、いまだに「まで」が副助詞であるという証拠にはなりません。何より、実際の例から「まで」を格助詞と考えることをしない教育は間違っています。

学校文法を疑わなければならない点は、他にも多々あります。

断定の助動詞と呼ばれる「だ」は、本当に断定という機能を有しているのでしょうか。たしかに、「あいつが犯人だ」というように言い切る場合には、断定しているといってよいでしょう。しかし、「だ」に仮定形の「なら」があること自体、論理的に矛盾しています。断定の仮定とはなんでしょうか。「だろう」が2つの助動詞に分けられることの矛盾は、**54**で見た通りです。一方で、「明日は、絶対、晴れる」のように、「だ」がなくても断定はできます。

この「だ」は、単に名詞を述語として用いていることを表す助動詞です。「明日は晴れだ」と言い切れば、「明日は、絶対、晴れる」と同じく断定という働きをします。この「だ」に「断定」という名称を与えてしまったがために、断定の真の意味が生徒に伝わりにくくなってしまいました。形式の名称としての「断定」は、常に断定という機能を示してはいませんし、逆に断定という機能は、断定の助動詞のみで表されるわけではありません。その点を正しく理解し、学校文法の「嘘」を見抜いて教えない限り、学校で教える文法は、何の意味ももたない、単なる暗記の強要となってしまいます。

これからの教育で求められるのは、考える教育です。そのために、「まで」を副助詞、「だ」を断定と覚えることをまずやめて、その言葉の働きから、生徒自身の頭で考えられる国語教育、文法教育にしていきましょう。

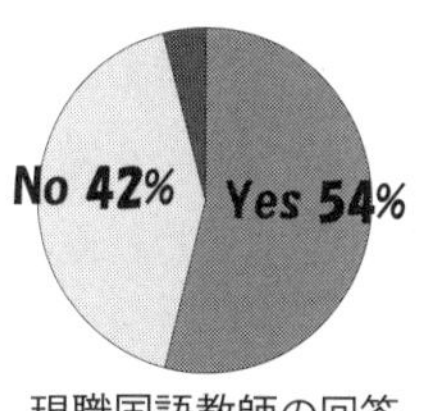

現職国語教師の回答

61
文章・談話

過去を述べる文章では、「た」を使わないと文法的に間違いですか。

小説では、過去の話でも、背景的な状態を「た」を使わず表します。

「ある日の暮方の事である。」で始まる芥川龍之介の『羅生門』は、中学校の物語教材として、多くの教科書にも載る作品です。その一節を引用しましょう。下線は、述部を示すために付けたものです。

> 下人は、大きな嚔(くさめ)をして、それから、大儀(たいぎ)そうに立上った。夕冷えのする京都は、もう火桶(ひおけ)が欲しいほどの寒さである。風は門の柱と柱との間を、夕闇と共に遠慮なく、吹きぬける。丹塗(にぬり)の柱にとまっていた蟋蟀(きりぎりす)も、もうどこかへ行ってしまった。

文末を見ると、最初の文では「立上った」と「た」で表されています。「ある日の暮方」を回想して述べているとすれば、これは**過去**の一出来事を描写したものと捉えられそうです。

ただ、そうだとすると、なぜ「寒さである」と「吹きぬける」は、「た」の形になっていないのでしょうか。それは、この２事象が、「下人が立上った」動作と同時に存在する、その動作の背景的な状態だからです。このような、時を進めない同時の状況を表す場合、日本語では、「た」を用いないというルールがあるのです。これが、「た」を、英語と同じ単なる時制（過去）と捉えてはいけない理由です。

そうして背景を示した後に、「蟋蟀がどこかへ行ってしまった」と出来事が、またひとつ進むことが示されます。「た」は、ちょうど紙芝居を一枚めくるように場面を進める働きをもっています。小説のような物語における「た」には、会話などで使われる、発話時から捉えた過去の「た」と異なる機能があるのです。

日本語には日本語のルール（文法）があることは、**57**でも述べました。**57**で述べた確認用法の「た」もそうですが、この過去における「た」の不使用を、時制の不一致などというのは、日本語を知らないで英語を基準にした考え方です。

そもそも、日本語の「た」には、過去の他に**完了**の用法もあります。完了とは、基準時より前に終了した出来事の影響が残っていることを表す表現です。**27**の「お手紙」の例で見た、次々と出来事が生じて場面が移っていく様は、まさに、直前の動作が終了し、その余韻も覚めやらぬうちに次の動作が生じているともいえます。このような文章の中の「た」の用法は、完了用法の延長上にあり、出来事を現在から捉えて時間の中に位置づける過去の用法ではありません。

しかし、過去も完了も、基準時より以前であることを表す表現であるという共通点があります。そのため、平安時代以降、過去の助動詞に意味の変容が認められるようになり（詳細は不明です。「き」と「けり」の使い分けなども、依然として論争があり定説を見ません）、鎌倉時代頃には、過去の助動詞が次第に口語で用いられなくなって、過去も完了も一本化されたようです。こうして、「た」に複数の機能が集中したため、物語の中の「た」の機能は、区別が難しいのだといえましょう。

現在でも議論が続く分野については、大学でじっくり腰を据えてこそ学べることで、表面的にここで述べてもなかなか理解してもらえないかもしれません。ただ、本当の教育とは、このような「よくわからない」の端緒を開くことであって、単に、過去とか完了とかを覚えさせるものではありません。

日本語という言語の不思議を考えることで、考えることが好きになるような国語の授業が行われることを期待します。

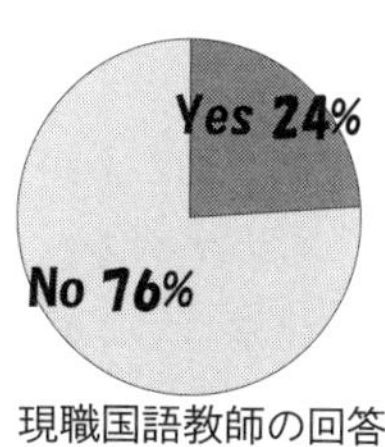

現職国語教師の回答

62
文章・談話

日本語では、頻繁に、主語のない文を使いますか。

主語がないわけではなく、省略されている場合が多くあります。

51 でも説明したように、日本語でも、主語という概念が重要です。しかし、実際の文章では、**主語**が表されない文が多く見られます。

> ①親譲りの無鉄砲で小供の時から損ばかりしている。②小学校に居る時分学校の二階から飛び降りて一週間ほど腰を抜かした事がある。③なぜそんな無闇をしたと聞く人があるかも知れぬ。④別段深い理由でもない。⑤新築の二階から首を出していたら、同級生の一人が冗談に、いくら威張っても、そこから飛び降りる事は出来まい。弱虫やーい。と囃したからである。⑥小使に負ぶさって帰って来た時、おやじが大きな眼をして二階ぐらいから飛び降りて腰を抜かす奴があるかと云ったから、この次は抜かさずに飛んで見せますと答えた。
> （夏目漱石『坊っちゃん』）

冒頭から、主語が見られない文が続きます。①②⑥には「おれは」が表されていても不都合はありません。また、③や⑤も「おれが」が、それぞれ、「無闇をした」と「首を出していたら」の主語として考えることができます。つまり、これらの文には、主語がないということではなく、主語が省略されているだけなのです。

主人公の「おれ」が登場するのは、第３段落からで、主語として初めて現れるのは、第８段落の以下の部分です（下線は筆者）。

> この婆さんがどういう因縁か、おれを非常に可愛がってくれた。不思議なものである。母も死ぬ三日前に愛想をつかした（中略）このおれを無暗に珍重してくれた。おれは到底人に好かれる性でないとあきらめていたから、他人から木の端のように取り扱われるのは何とも思わない、かえってこの

清のようにちやほやしてくれるのを不審に考えた。

「この婆さん（＝清）が～可愛がってくれた。（この婆さんが）珍重してくれた。」と続いた後、「おれは」と示されています。主語の交替を表すために、あえて示す必要性があるから顕在化させたのです。

「坊っちゃん」というタイトルからわかるように、一人称が主人公である物語文では、主語を省略しやすいという特徴もありますが、そもそも、日本語の主語は、（文法的に存在はするけれど）他から理解される場合には省略されやすいという特徴をもちます。逆に、省略可能な場合にあえて顕在化させれば、それ自体が言い述べなければならない理由をもちます。すべての主語を顕在化させればかえって奇異に聞こえることは、「坊っちゃん」冒頭の文章をすべて省略しないで言ってみればよくわかります。

では、省略された主語はどのように理解されるのでしょうか。新たな主語が明示しなければ主語は変わらないのが原則です。また、文末に敬語や「～てくれる」などの補助動詞を用いれば、誰が誰に対して行動を行っているなど、文末から理解できる場合もあります。さらに、感情を表す形容詞の主語は一人称だけであるという規則もあります。以上のような名詞句以外の特徴から理解できれば、名詞で主語をあえて表示する必要もありません。

しかし、主語が明示されないで省略されていれば、そこに捉え違いの原因が生じます。互いにわかっているつもりで、教師と児童生徒が物語文を読んでいたら、それぞれ違う主語で捉えていたなんてこともあります。また、児童生徒の作文は、書いている本人がわかっているからと、主語（や時には目的語）を省略しすぎることもあります。時には、省略されている主語を、児童生徒とともに確認してみるとよいでしょう。

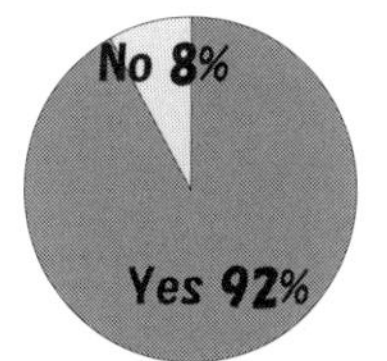

現職国語教師の回答

63 文章・談話

「日が出て暑くなった。」は、「日が出た。暑くなった。」と同じですか。

描かれる事象は同じでも、筆者の「言いたいこと」が異なります。

句点「。」で締めくくられる節を**主節**といいます。日本語では、この主節に言いたいことの中心が来ます。たとえば、「日が出て暑くなった。」では、「暑くなった」が主節であり、「日が出て」という従属節は、補助的に原因を添えるだけで、主として述べたい部分ではありません。

一方、「日が出た。暑くなった。」のように句点で区切られた２文は、２つの出来事がこの順に生起したことが同等の重みで描かれます。因果関係は推察されますが必須ではない反面、時間の経過が感じやすくなります。

１つの文には、このように主節が中心となり、１つの「言いたいこと」が込められます。これを**一文一義**といいます。句点で区切るということは、それだけ重要なことなのです。

実際には、「長々と話しているけど、結局、何が言いたいの」といぶかしく思うことがあります。たとえば、以下はある大学生の話です。

> 教採試験のときさあ、シューズは別にいいって言われてたけどさあ、教育学部じゃない子とかなんか、私が中学校で受けたから余計にそうだったんだけどさあ、たぶん文学部の子なんかさあ、シャツ、めっちゃピンクだったりするから、それで生徒の前に出る気なんですかっていう服を、自分の受験番号の前の子なんか、そういう人だったんだけどさあ…

おそらく、「教採試験のとき、教育学部じゃない子のシャツが鮮やかなピンク色でした」ということと、「そんな派手な色では生徒の前に出られないからだめだと思います」ということを主として述べたいと考えられます。客観的に情景を描いて、それに対して、主観的な意見を述べるという順番です。実際の話し言葉は、このように切れ目なく話が続いていっても理解されますが、書き言葉では許されません。一文一義で次のように書くことが大切です。

> 教採試験のとき、教育学部出身ではない、おそらく文学部出身と思われる受験生が、鮮やかなピンク色のシャツを着ていました。ピンクのような派手な色は、生徒の前に出るのにふさわしくないと感じました。

こうすると、主観的な「教採試験にピンク色のシャツはふさわしくない」という主張が際立ってきます。

小学校低学年児童は、皆、最初、話し言葉で作文を書いてきます。話し言葉は、句点のないことも多く、一文一義はさほど意識されません。しかし、『小学校学習指導要領（平成29年告示）』「第２章 各教科　第１節 国語」には、各学年に「話し言葉と書き言葉」の特徴などに気付かせる指導を行うよう書いてあります。それは、すべてよりよい表現をするため。書き言葉は、言いたいことがひとまとまりになって文を作り、さらにそれらの文がまとまって段落を作って文章となります。そのことを理解させるために、話し言葉を録音し、それを書き起こしたものから文章化するなどの練習を行うとよいでしょう。

現職国語教師の回答

64
文章・談話

インタビューは、児童生徒から町の人に質問し、答えてもらうだけでいいでしょうか。

インタビューは、目的をもって質問をし、必要な情報を聞き出す活動です。

インタビューは、情報取得の重要な活動として、小学校高学年の学習項目となっています。『小学校学習指導要領（平成29年告示）解説　国語編』には、インタビューに関して、次のような記述が見られます。

第５学年及び第６学年
2〔思考力、判断力、表現力等〕
A　話すこと・聞くこと
言語活動例
　イ　インタビューなどをして必要な情報を集めたり、それらを発表したりする活動。

インタビューなどをして必要な情報を集めたり、それらを発表したりする言語活動を例示している。

情報を集めるためにインタビューをするとは、目的をもって特定の相手に質問し、必要な情報を聞き出すことである。そのようにして集めた情報について、話したり文章にまとめたりして発表する活動についても例示している。

上に示されるように、インタビューは、単なる質問行為ではありません。「目的」とは、記事であれプレゼンテーションであれ、インタビュアーの描くストーリーを完成させることです。このストーリーがないままに行われているインタビューは、無目的で単なる質問の羅列となってしまいます。今一度、生徒にインタビューの目的を確認させることが重要となります。

極端に言えば、インタビュアーは、すでに作文が書けていたりプレゼンテーションの準備がある程度できていたりする段階で、補充的に「必要な情報を聞き出す」ためにインタビューを行うとよいのです。

さて、インタビューでは、ひとつの質問をしてそれに答えてもらいメモをするという形式が多く見られますが、「話すこと・聞くこと」の領域で行われていることを考えれば、このような一問一答で情報を得るだけでは不十分です。インタビューに答えてもらったことに対して、さらに深める質問をしてこそ、この領域の双方向性が担保されます。

そのためには、答えてもらった回答の中から言葉（名詞）をひとつ取り上げて、「その○○は、どういうことですか」や「その○○について、もっと詳しく教えてください」のように、連体詞「その」を用いて質問をつなげていきましょう。

単にインタビューという形式だけ整えて「話を聞きました」で終わらせないで、ぜひ、「話すこと・聞くこと」の本質を理解し、対話が続くような工夫の上に、実のあるインタビューが行えるよう指導してください。

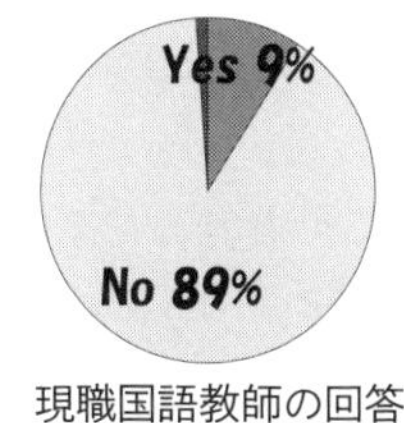

現職国語教師の回答

65
文章・談話

集めた情報を、起承転結で発表するのは、有効ですか。

起承転結は、物語を語る際には有効ですが、発表には向きません。

教育は、より学習者主体の学びへとシフトしつつあります。『学習指導要領(平成 29 年告示)』では、教育課程全体を通して育成を目指す資質・能力として、「知識・技能」とともに、「思考力・判断力・表現力等」と「学びに向かう力、人間性等」が位置づけられました。

特に「思考力、判断力、表現力等」については、対面での言語活動、すなわち、「話すこと・聞くこと」を通しての学びが重視されます。中でも、「発表」は、小学校３年生以上で「発表」、ならびに関連する「説明」などの語句が見られ、ますます、重要な言語活動となっています。しかし、『小学校学習指導要領(平成 29 年告示）解説　国語編』にも、中学校の同書にも、情報の集め方の説明はありますが、発表方法についての詳細は示されていません。いったい、どのような文章・談話の構成によって発表をしたらよいのでしょうか。

文章・談話の構成と聞いて、すぐ思いつくのは**起承転結**です。たしかに、起承転結は、国語の授業中、何度も教えられる基本的な文章の構成法です。特に漢詩では、次の孟浩然（もうこうねん）の五言絶句「春暁（しゅんぎょう）」が小学校国語教科書にも採用され、多くの児童生徒に親しまれてきました。

〔起〕春眠不覚暁　　春眠暁（しゅんみんあかつき）を覚えず
〔承〕処処聞啼鳥　　処処啼鳥（しょしょていちょう）を聞く
〔転〕夜来風雨声　　夜来（やらい）風雨の声
〔結〕花落知多少　　花落つること知る多少

この漢詩の起承転結のような展開は、物語の基本ともされ、国語教科書の物語文では、この構造を見いだすことが課題とされることもあります。

しかし、物語文においては躍動的で劇的な展開が含まれる起承転結も、発表には不向きです。特に、第３句の「転」のように、それまで出てきていない筋書きを持ち出し唐突に言い始めることは、発表では聞き手を混乱させます。

文章・談話の構成では、他に次の３つの型が知られます。

頭括型：最初に結論を示し、後で理由を述べる方法
尾括型：理由を順に述べていき、最後に結論を述べる方法
双括型：最初と最後に結論を簡潔に示し、その間に、理由を述べる方法
　　　　要約（Summary）で詳細（Detail）を挟むため SDS 法ともいう

基本語順で動詞を最後に置く日本語のような言語では、最後に結論を述べる尾括型になりがちです。起承転結は、この尾括型の一種です。次に何が起こるかわからない期待はあっても、結局何を言いたいのかが最後まで聞かないとわからない。物語文には向いていても、発表では明快さを欠きます。

主張を明確に伝えるためには、最初に結論を述べる方法が有効です。新聞のように、伝えたい重要事項を最初に述べる頭括型もありますが、意見を確実に伝えたければ、最後にも結論を繰り返す双括型が有効です。

さらに、具体例を添えてわかりやすくする次の文章・談話の構成法も、ビジネスでは用いられています。

PREP 法：要点（Point）を最初に述べ、その理由（Reason）と具体例（Example）で具体的に伝える。最後にもう一度要点（P）を示す。

Point の代わりに Opinion（意見）を述べる OREO 法もあります。

物語文や漢詩では起承転結、説明文やプレゼンテーションでは双括型や PREP 法という、談話・文章のタイプに適した構成方法を選択しましょう。

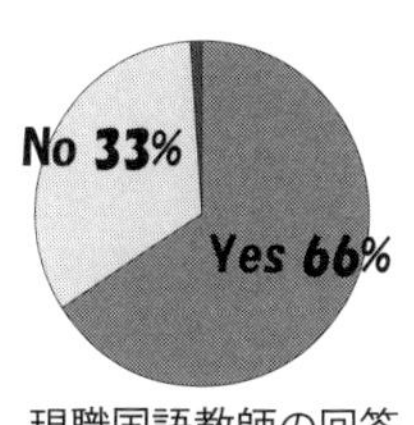

現職国語教師の回答

66
文章・談話

1段落が10行や20行になってもいいですか。

長すぎる段落には、複数の主張が含まれていることがあるため、分割するのが適当です。

１つの文に１つの意味が込められる（一文一義）ように、改行し１マス空けで示される形式段落（以下、単に「段落」）には１つの話題が含まれます。当然、話題が転換すれば、新しい段落を始めます。そう説明されても、実際、段落とは何か、十分に共通理解があるでしょうか。

『中学校学習指導要領（平成29年告示）解説　国語編』には、「書くこと」の指導事項として、段落に関する記述が見られます。

> ○構成の検討
> 第１学年では、段落の役割などを意識して、第２学年では、段落相互の関係などを明確にし、第３学年では、論理の展開などを考えて、文章の構成や展開を考えたり工夫したりすることを示している。

「段落の役割などを意識する」については、「第１学年　Ｂ書くこと　イ」に、次のような解説がなされています。

> 段落の役割などを意識するとは、内容のまとまりである段落に文章全体の中でどのような役割をもたせるかということなどについて考えることである。問題や課題などについて述べる段落、集めた材料などについて分析する段落、それらを基にして自分の考えや意見を述べる段落など、段落の役割を具体的に考えることが求められる。これらの段落の役割を踏まえ、書く内容の中心となる段落を文章全体のどこに位置付けることが適切であるか、その前後の段落にどのような内容を書くかなど、構成や展開を考えながら書くことが重要である。

問題や課題の提示、分析、考えや意見、これらは、それぞれに１つの話題としてのまとまりをもちます。第２学年で重視される、話題ごとで段落を分け、「さらに」や「また」のような累加表現、「ところが」や「しかし」のような逆接表現、「一方」や「反面」のような対比表現など、適切な接続表現を用いて、段落間の関係性を明示することは、読み手の理解を助けます。

このように『中学校学習指導要領（平成29年告示）解説　国語編』には、段落が全体に対してもつ役割と、段落間の関係についての記述がありますが、見落とされがちなのが段落の内部構成です。

小論文でも志望理由書でも、段落がない文章は読みにくいものです。１つの段落は、10行を超えるような長い段落を避け、１つの主張だけを１つの段落で述べ、少なくとも３つの段落に切ります。**65**に挙げた３つの文章・談話の構成を考えても、段落がないことは考えられません。

また、全体の分量にもよりますが、その段落が一目でどのような役割をもっているかがわかるように、段落頭に**キーセンテンス**を置く場合もあります。キーセンテンスとは、段落の要約となる文です。キーセンテンスが単文で端的に示せない段落は、複数の話題を含んでいますので、複数の段落に分割されるべきです。段落の内部も、キーセンテンスを使用し、双括型か頭括型でわかりやすく伝える工夫をしましょう。キーセンテンスで段落内部が要約できれば、段落間の関係も明確になりますし、段落間の関係が明確になれば、文章もスムーズに流れていきます。

文章とは、節目があって初めてわかりやすく伝わるものです。大きな節目である段落は**一段落一話題**でまとめ、その段落の内部は、一文一義を基本として一文一文を論理的に並べます。

文章を書くことは、とても論理的な作業なのです。

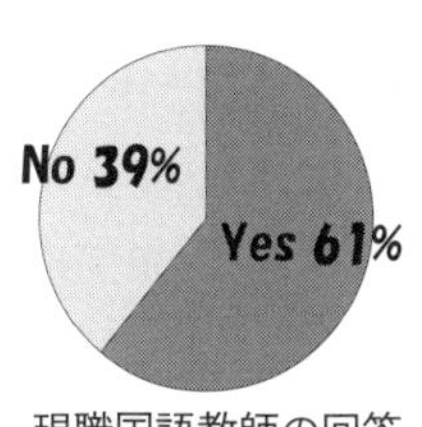

現職国語教師の回答

67
文章・談話

接続詞は、すべての文と文の間に置く方がいいですか。

接続詞は、多すぎると冗長に感じます。

接続詞を含む「**接続する語句**」については、『小学校学習指導要領（平成29年告示）』「第２章 各教科　第１節 国語」第５学年及び第６学年「知識及び技能」に、「カ　文の中での語句の係り方や語順、文と文との接続の関係、話や文章の構成や展開、話や文章の種類とその特徴について理解すること」と示されています。

これを受けて『中学校学習指導要領（平成29年告示）解説　国語編』「第１学年〔知識及び技能〕」には、次のようにあります（太字は原文のまま）。

(1)　言葉の特徴や使い方に関する事項

エ　**単語の類別について理解するとともに、指示する語句と接続する語句の役割について理解を深めること。**（中略）

接続する語句とは、前後の語句や文などをつなぐ働きをもつ語句のことをいう。具体的には、いわゆる「つなぎ言葉」と言われるものや、「まして」、「一方」、「他方」、「そのため」などが含まれる。つなぎ言葉は、つなぎ方によって、順接、逆接、並立、累加、対比、選択、転換などの働きで分類されることがある。

順接以下、具体的な機能が示されているように、接続する語句は、前後の文を、それぞれの意味関係でつなぐ働きをもっています。接続する語句によって、読み手や聞き手は、話の内容を予測しながら読んだり聞いたりできるのです。よりよい伝達のために、接続する語句は重要です。

さらに、『中学校学習指導要領（平成29年告示）解説　国語編』第１学年では、〔思考力、判断力、表現力等〕に関して、「段落の役割を明確にするためには、『さらに』、『例えば』、『ところが』、『一方』などの接続する語句を適切に用いたり、見出しを設けたりすることなどが考えられる」と、段落同士を接続する語句の具体的な記述が見られます。

段落頭には、段落間の論理関係を表す接続する語句がよく見られます。**66**の「一段落一話題」の原則とともに、読み手の理解の助けとなるよう、適切に用いましょう。また、発表等においても、聞き手の理解の補助として適切に用いましょう。

ただし、接続する語句を常に使わなければ理解できないかというとそうではありません。「試験勉強をした。（　　　）80点だった。」などは、「だから」とも「しかし」とも入れられますし、事実だけを述べたければ、何も入れないこともあります。また、実際の文章は、接続助詞によって節と節の論理関係を述べることはよくあっても、文頭の接続する語句をあえて使うことはあまり多くありません。光村図書中学校2年生の物語教材である三浦哲郎著「盆土産」では、冒頭から数えて12行目で初めて「けれども」という接続詞が使われています。物語文では、後続する文脈が自然に予測されれば、不要なのです。一方、説明文でも、文と文との間の論理関係を明確にするために、接続する語句を多く使うこともありますが、実際には、「のだ」《⇨ **59**》で前の文との関係を示すこともあり、すべての文と文の間に接続する語句を置いてはいません。「書くこと」の指導においても、適切に使う指導とともに使いすぎない指導が必要なのです。

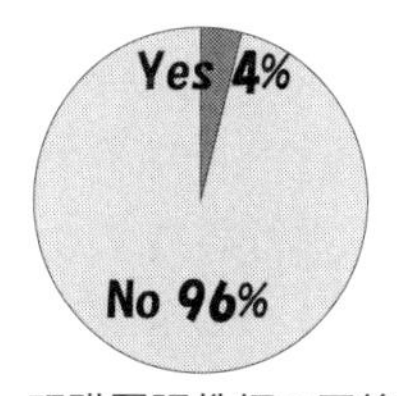

現職国語教師の回答

68
文章・談話

上手にICT機器を使用すれば、わかりやすい発表ができますか。

ICT機器を補助的に活用しながらも、まずは音声で伝えられるようにすることが重要です。

『中学校学習指導要領（平成29年告示）』「第２章 各教科　第１節 国語」には、発表する際に話す側が留意する事項として、目的や場面に応じた内容の検討、自分の立場や考えの明確化のための話の構成の工夫とともに、わかりやすい表現の工夫として、資料や**ICT機器**の活用が盛り込まれています（第２学年〔思考力、判断力、表現力等〕「A　話すこと・聞くこと」）。

この資料や機器の活用については、『同 解説　国語編』に、「話の内容に関する本、図表、グラフ、写真などを含む資料、コンピュータのプレゼンテーションソフトなどのICT機器を必要に応じて使うことである。資料や機器を用いるのは、話の要点や根拠を明らかにしたり、説明を補足したり、中心となる事柄を強調したりするなど、聞き手に分かりやすく伝えるためである」と書かれています。

ここで注意したいのは、ICT機器の使用が目的なのではなく、あくまでわかりやすく伝えるための手段であるという点です。ICT機器の活用は、たしかにこれからの教育で重要なことですが、国語科で「話すこと・聞くこと」で挙げられていることを考えれば、まずは話し言葉の特性を考え、その弱点をどう補完するかを考えなければなりません。話し言葉の弱点とは、保存性が書き言葉に劣る点と、情報の構造がわかりにくい点です。

前者は資料などを配付したり、聞き手自身がメモを取ったりすることで補完できます。もう１つの弱点は、談話を可視化することで補えます。談話の可視化とは、具体的に言えば、最初に、「ポイントは３点あります」のように、具体的数字を挙げて全体像を俯瞰的に示し、その中で、「まず」、「次に」、「最後に」のような接続する語句で、全体の中での位置づけを明確にするような手法です。このような言葉が適切に使えれば、ICT機器は、必ずしも必要ではなく、補完的な役割に留まることは自明です。

もちろん、ICT 機器を用いてグラフを提示するなど、話し言葉では示しえない情報の提示は必須かもしれません。また、百聞は一見にしかずですので、画像や映像を見せることも効果的でしょう。他教科との連携では、このような証拠の提示を優先することも否定するものではありません。

ただ、国語科では、まず言葉の力を鍛えることが重要です。発表であれば、聞き手に正しく伝えるために音声や視線を工夫したり、聞き手の理解度をさぐるためにモニタリングを適切に行い、臨機応変に音声での表現を変えていったりすることがまず重要です。ICT 機器の利用が目的にならないよう気を付けなければなりません。

ICT 機器の活用としては、『小学校学習指導要領（平成 29 年告示）解説　国語編』に、「自分や友達の発表の様子を録画し、観点に沿って振り返る」活動も挙げられています。また、「声を出して発表することに困難がある場合や、人前で話すことへの不安を抱いている場合」にも ICT 機器の活用は有効であるとも示されています。このように ICT 機器は、これまでできなかった発表の改善にも有効な手段です。上手に利用していきましょう。

69
文章・談話

「話すこと・聞くこと」の練習は、皆の前で話させることで十分ですか。

話すこと・聞くことが一体となった「話し合うこと」に加え、よりよく聞く練習が重要です。

「話す」「聞く」「書く」「読む」、これら言語の４技能は、話し言葉と書き言葉それぞれの発信と受信を表す技能として、基本的には独立した技能です。しかし、時空間を隔てて発信する「書く」という行為であっても、読み手を想像しなければ十分ではありません。ましてや、「話す」と「聞く」は、同時性・対面性という特徴から、平成10（1998）年の改訂以来、『学習指導要領』では、一貫して、ひとつの領域「話すこと・聞くこと」として扱われるようになりました。

しかし、「話すこと・聞くこと」は、本当にひとつの領域としての学習になっているのでしょうか。そこには２つのより強化していかなければいけないポイントがあります。１つは「聞くこと」の学習であり、もう１つは、上手な**聞き方**を含めた「話し合うこと」の学習です。

「聞くこと」は、「話すこと」と表裏一体の作業であるにもかかわらず、スピーチ、プレゼンテーション、パブリックスピーキング等で時間をかけて学ばれる「話すこと」と比較して、学習項目の幅、時間数ともに十分とはいえない学習に留まっています。米田猛・山田範子両氏のまとめによると、もっとも「聞くこと」に時間をかけている中学校教科書（2015年度版）である三省堂『中学生の国語』においてですら、「話すこと」に70時間をかけているのに対し、「聞くこと」には「正確に聞く」、「整理・吟味して聞く」、「評価して聞く（自分の表現に生かす）」のそれぞれに６時間、合計18時間をかけるに留まっています[1]。

では、「聞くこと」の能力とは、どのような力なのでしょうか。私の理解する聞く力とは、次のような要素を含んだものです。

① 発話される場面や状況、背景、発話者の意図を正しく理解する。
② 発話された音声の特徴を正しく掴む（調音、アクセント、イントネーション、プロミネンス）。

③ 音声が表す言葉の意味を、既有知識と結びつけたり照応したりして正しく理解する（単語、文、談話）。

④ 話の展開や欠けている情報を、推論や予測によって理解する。

⑤ 多くの情報から必要かつ（あるいは）正しい情報を取捨選択する。特に、事実と意見を区別しつつ、大意を理解する。

⑥ 相づちやアイコンタクトをして話し手に理解度のメッセージを送る。

⑦ 発話された内容と知識との齟齬を解消するために質問する。

メモを取ることも、⑤などを補助する重要な行為です。

⑥⑦に示したように、適切に聞く能力は、対話力にもなります。よりよく聞くこと（聴くこと・訊（き）くこと）が、話し合うことの基盤になることは言うまでもありません。さらに、米田・山田両氏は、アメリカのパブリック・スピーキングにおける聞き手の能動性重視の捉え方を紹介する中で、本来表裏一体である「聞くこと」を「話すこと」の単元と切り離さず、「聞くこと」が「聞き手本人のために行う思考活動・表現活動であると認識することが肝要である」として、聞き手が自身の実生活に結びつけて学ぶ重要性を主張しています[1]。私もまったく同感です。

『中学校学習指導要領（平成29告示）解説　国語編』には、「思考力、判断力、表現力等」の内容として、「構造と内容の把握、精査・解釈、考えの形成、共有（聞くこと）」が明記されました。この「聞くこと」の能力をどのように測定するかはまだ難しい点もありますが、高校入学時の重要な能力として、いくつかの県では国語の入学試験に日本語のリスニングが取り入れられていますので、今後より重視した教育が求められていくでしょう。

[1] 米田猛・山田範子（2015）「「聞くこと」に着目したパブリック・スピーキングの研究―アメリカ合衆国教科書との比較を通しての考察―」『富山大学人間発達科学研究実践総合センター紀要　教育実践研究』10, 11-19.

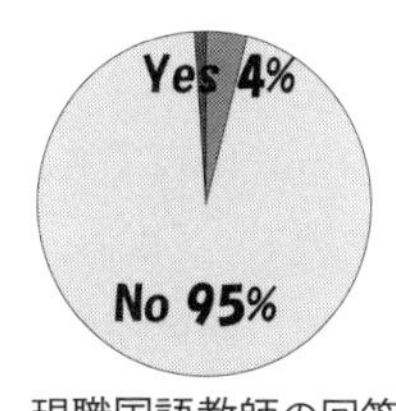

現職国語教師の回答

70
文章・談話

話すとき、「あのう」や「ええと」などを使ってはいけませんか。

頻用しすぎない程度に使うことは、差し支えありません。

話し言葉で、文と文の間、文節と文節の間に差し挟まれる「あのう」や「ええと」などの小さな言葉を、**フィラー**といいます。このフィラーを、一時期、小学校などでは使わないよう指導をしていました。今でもその影響か、フィラーを使わない話し方を指導している成人向けの話し方講座もあるようです。

しかし、実際、テレビ・ラジオのアナウンサーならいざ知らず、フィラーをまったく使わず授業をしている先生を、私自身、見たことがありません。子供たちに合わせて臨機応変に話す内容を探したり、話自体の調子を整えたりするために、フィラーはよく用いられます。

フィラーには、積極的な伝達機能があるという考え方もあります。「あっ」と言えば、忘れていたことを思い出して言うことを聞き手に示します。また、「ま」と短く挟めば、自分自身あるいは相手の考えが十分ではないことをほのめかしたりもします。聞き手へのメッセージなのです。

もちろん、「あのう、そのう、ええと、」といつまで経っても話が始まらないのは困りものです。実際、「ええと」は、考えを検索しながら話す場合に出てくる言葉です。少ないに越したことはないですが、ゼロにしなければいけないものではありません。フィラーが連続するとき、それは、フィラーの問題というよりも、考えがまとまっていないことが問題です。

「あのう」や「ええと」が耳障りになる理由は、他にもあります。それは、繰り返すことです。考えるための時間が欲しい場合には、「ちょっとうかがってよろしいでしょうか」と前置きをしたり、「それがですね」と話題を変えてみたりしたらいいのです。

ただし、「まあ」というフィラーは、不十分さを表すことがあるので注意が必要です。研究授業で指導の先生から「先生の授業は、まあ、板書の使い方はいいですね」などと言われようものなら、対比の「は」もあることから、他によくないところがあるのかなと思ってしまうかもしれません。

先生がよく使う語調を整えるもう１つの言葉として、**終助詞**があります。中でも、「ね」は、多用されます。

「先生はね、君たちがね、運動会に向けてね、がんばっている姿をね、ちゃんと見てきました。」

「ね」は、文節を見分ける際に用いられます。実際には、すべての文節に付くわけでなく、ある程度のまとまりに付き、そこで間を置きます。つまり、フィラーと似た機能が終助詞にはあるのです。フィラーも繰り返せば耳障りになるように、「ね」を繰り返すのも問題です。しかも、「ね」は、親しさを表す表現ではありますが、なれなれしく聞こえる場合もありますので濫用は問題です。

フィラーと終助詞は、どちらも調子を整え、話し手に考える時間を与えます。適度に使えば、耳障りにはなりません。フィラーを制限するよりも、児童生徒が、話す前に十分に内容を考え、自信をもって話せるような指導が必要です。

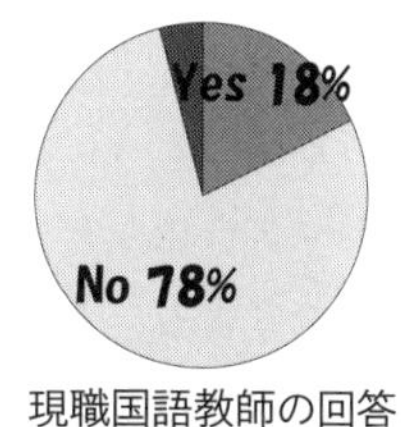

現職国語教師の回答

敬語は、日本語だけにありますか。

チベット語などでも発達していますし、待遇的配慮は、英語にもあります。

敬語は、主語や目的語のような、出来事の中に登場する人物を高める**素材敬語**と、話し相手に対する配慮を表す**場面敬語**（対者敬語）とに分けられます。世界の言語では、文法的特徴が日本語と異なるため同じ分類をするのは困難ですが、おおよそ、次のような特徴をもっています。

表１　世界の敬語

言語名	素材敬語		場面敬語（対者敬語）
	尊敬語	謙譲語	
日本語	○	○	○
チベット語	○	○	○
マズラ語	○	○	○
韓国・朝鮮語	○	△	○
中国語	×	×	○
英語	×	×	×
フランス語	×	×	○

○は、日本語の「お～になる」や「お～する」のように、様々な動詞に付いて生産的に表すことができる形式をもっていることを表します。△は、日本語の「お～する」のような汎用的な形式はもたないが、特定の動詞に特殊な形があることを示します。

日本語のように、広く動詞に付く敬語体系をもつ言語は、チベット語や東ジャワのマズラ語など少数です[1]。韓国語は、限られた動詞にのみ謙譲語があり、日本語の方言も、多く、謙譲語の一般形を欠く韓国語タイプです。

中国語では、敬意の対象となる対称詞の「您 (nín)」と、敬意のない「你 (nǐ)」

が使い分けられます。フランス語においても、距離のある対称詞 vous（ヴー）と親しい tu（テュ）があります。これらは、尊敬語とも謙譲語ともいえませんが、話し相手に対する敬意と捉えることができます。

英語だけがすべて×になっていますが、英語には敬語がまったくないのでしょうか。J. V. ネウストプニー氏は、英語に尊敬語、謙譲語、丁寧語といった敬語はないと述べています[1]。しかし、英語の 'Would you ～ ?' や 'May I ～ ?' などについては、許可要求や依頼の場面に限られてはいますが、「これが敬語と基本的には同じ役割を果たしていることは明らか」（p.13）とも述べています。英語には、敬語はなくても、内容や場面に応じて正しく聞き手に対して敬意を表す表現（**待遇表現**）はあるのです。

80 でも述べますが、尊敬語・謙譲語・丁寧語という狭い意味の敬語システムだけで考えることは、世界の待遇表現を考える上では不十分です。世界には、多様な敬意表現があると理解して学びましょう。

[1] J. V. ネウストプニー（1974）「世界の敬語―敬語は日本語だけのものではない―」林四郎・南不二男編『世界の敬語（敬語講座 8）』明治書院、pp.7-40.

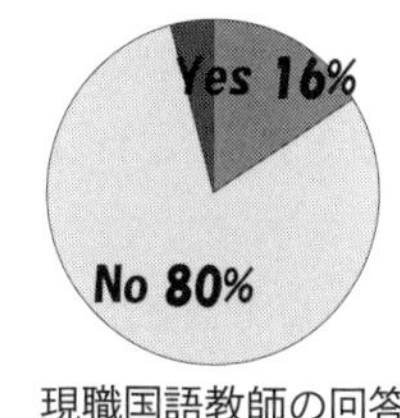

現職国語教師の回答

72

敬語・待遇表現

小学生でも、すべての敬語を使いこなすことが必要ですか。

まずは、丁寧語から始めて、話し相手の動作に対し尊敬語が使えることを目指します。

敬語については、第二次世界大戦後一貫して『小学校学習指導要領』で指導される重要な項目とされてきました。『小学校学習指導要領（平成29年告示）』においても、第１学年及び第２学年においては、まず「です」「ます」のような**敬体**を、「相手との親疎や人数の多少、改まった場面かどうかなどに応じて使い分ける」とともに、「教科書の敬体の文章に読み慣れるようにする」ことを求めています。敬語の第一歩として、まずは、丁寧語に慣れ使えるようにすることが求められているのです。

第５学年及び第６学年では、「相手と自分との関係を意識しながら、尊敬語や謙譲語などの敬語について理解すること」が求められます。しかし、『同 解説』には、続けて、「初対面の相手や目上の相手などに対し、『いらっしゃる』、『おっしゃる』、『お帰りになる』などの敬語を使うことができるよう」と書いてあります。まずは、聞き手が行う動作に対して尊敬語を使えるようにすることが大切です。謙譲語が使いこなせなくても、この段階では支障はそれほどありません。小学校高学年では、尊敬語に絞って使えることを目指します。

このように、小学校での敬語の学習は、丁寧語→尊敬語（特に話し相手を主語にした場合）→謙譲語の順に深めていきます。実は、この順番は、**71**で見た世界の様々な言語に見られる敬語と汎用性の点で一致する根拠ある順番なのです。

さて、小学校で学ぶ尊敬語の形を、まずは正しく学びましょう。「書く」や「利用する」のような動詞に対しては、「お書きになる」や「ご利用になる」のような「お(／ご)～になる」が基本的な形です。これが、可能の形になると「お書きになれる」や「ご利用になれる」となりますが、これを「お書きできる」や「ご利用できる」と誤って覚えている大人も多いようです。正しい形を小学生のうちから定着させておく必要があります。

敬語は、小学生にとって、あまり使わない不慣れな言葉です。であれば、英語の過去形を覚えるのと同様、形の練習をするとよいのです。「『書く』だったら『お書きになる』って尊敬語の形を言いましょうね」という文型練習（パターン・プラクティス）です。それによって、「書ける」が「お書きになれる」、「利用する」が「ご利用になれる」になることが、機械的に身に付いていきます。

敬語は日本語なんだから自然に身に付くという考え方が、現在の「ご利用できる」などの形式の混乱を生じさせている可能性もあります。普段から敬語を使用していた身分制度のあった時代ならともかく、現在は敬語に慣れていない若い人も多くいます。このような変形練習を経て、形式が口をついて出るくらいにしておくとよいでしょう。

形式の習得を踏まえて、中学校では、適切な運用を目指します。『中学校学習指導要領（平成 29 年告示）』「第２章 各教科　第１節 国語」では、第２学年で「カ　敬語の働きについて理解し、話や文章の中で使うこと。」と、第３学年で「エ　敬語などの相手や場に応じた言葉遣いを理解し、適切に使うこと。」とあります。**74** でも見ますが、新しくなった謙譲語の分類を含め、正しく謙譲語を学ぶのは中学校になってからでよく、小学校では、まず基本的な尊敬語の形の定着と、聞き手が主語になる会話での適切な運用を目指します。

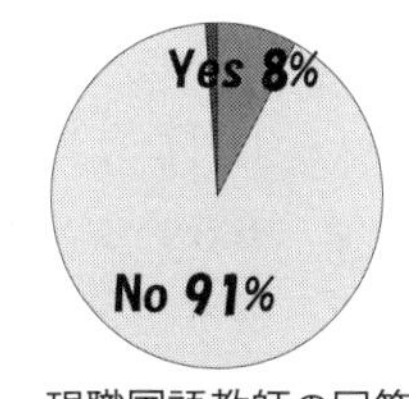

現職国語教師の回答

73
敬語・待遇表現

「寒いです」には違和感を覚えますが、この表現は間違いですか。

昭和 27（1952）年の「これからの敬語（建議）」で認められた表現です。

平成 12（2000）年発令の「文化審議会令」に基づき、翌年、それまでの旧国語審議会、著作権審議会、文化財保護審議会、文化功労者選考審査会を統合して、**文化審議会**が設けられました。そのうち、国語分科会では、国語の改善及びその普及に関する事項が調査審議されています。

文化審議会国語分科会及びその前身の国語審議会は、これまでに、昭和 27（1952）年の「これからの敬語（建議）」をはじめ、文部科学大臣（文部大臣）からの敬語に関する諮問に対して、平成 12（2000）年の「現代社会における敬意表現」、平成 19（2007）年の「**敬語の指針**」という 2 つの答申を出しています。

このうち、昭和 27（1952）年の「**これからの敬語**」[1]では、戦後まもなく、次のような方針で敬語を平明・簡素にする方向性が示されました。

1 これまでの敬語は、旧時代に発達したままで、必要以上に煩雑な点があった。これからの敬語は、その行きすぎをいましめ、誤用を正し、できるだけ平明・簡素にありたいものである。

2 これまでの敬語は、主として上下関係に立って発達してきたが、これからの敬語は、各人の基本的人格を尊重する相互尊敬の上に立たなければならない。

3 女性のことばでは、必要以上に敬語または美称が多く使われている（たとえば「お」のつけすぎなど）。この点、女性の反省・自覚によって、しだいに純化されることが望ましい。

4 奉仕の精神を取り違えて、不当に高い尊敬語や、不当に低い謙そん語を使うことが特に商業方面などに多かった。そういうことによって、しらずしらず自他の人格的尊厳を見うしなうことがあるのは、はなはだいましむべきことである。この点において国民一般の自覚が望ましい。

このような方針に沿って、形容詞については、次のように述べています。

> これまで久しく問題となっていた形容詞の結び方——たとえば、「大きいです」「小さいです」などは、平明・簡素な形として認めてよい。

本来、「です」は、「学校です」のように、名詞に付く助動詞です。その点で、形容詞に「です」が付くのは、形容詞の敬語形式として本来的な形ではありませんでした。最初に挙げた「寒いです」に対する違和感は、この、本来的形式でないということによるものです。昔は、「寒うございます」などと言ったものですが、「寒いです」に違和感を抱かない今の若い人には、「寒うございます」こそ耳慣れない語形ともいえます。

ただ、一方で、『日本国語大辞典［第二版］』によれば、「です」が「活用語に接続する例は幕末期にも散見」されたようです。また、同じ「です」でも推量形の「でしょう」は、「寒いでしょう」と言っても違和感はまったくありません。活用語に接続するようになってから200年も経っていますし、私自身も、一昔前ほど最初のような質問を受けなくなりました。敬語は、時代に合わせて変わっていくものなのです。

[1] 文化庁国語施策情報第１期国語審議会「これからの敬語（建議）」https://www.bunka.go.jp/kokugo_nihongo/sisaku/joho/joho/kakuki/01/index.html

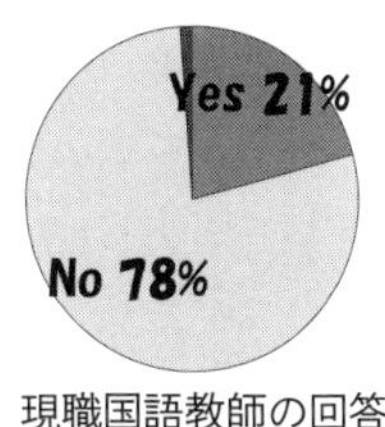

現職国語教師の回答

謙譲語は、すべて話し手を低めて相手を立てる敬語ですか。

謙譲語が、必ずしも話し手を低めるとは限りません。

文化審議会は、平成19（2007）年に「敬語の指針」[1]を答申しました。その中に、次のような記述があります。

> ⑵　敬語の区分について
>
> 本答申の第２章以降では、敬語を「尊敬語・謙譲語Ⅰ・謙譲語Ⅱ・丁寧語・美化語」の５種類に分けて解説する。（中略）
>
> この５種類に分ける考え方は、従来の学校教育等で行われる３種類に分ける考え方と対立するものではない。謙譲語として一括されている語群を「謙譲語Ⅰ」と「謙譲語Ⅱ」の２群に、また丁寧語としてまとめられている語群を「丁寧語」と「美化語」の２群に、それぞれ区分けしたもので、従来の考え方に基づいたものである。このうち「美化語」は、学校教育において既に取り上げられている区分でもある。（p.3）

謙譲語が２分類され、謙譲語Ⅰと謙譲語Ⅱが新たに区別されることになりました。それぞれの定義は、以下の通りです（太字は筆者）。

> 謙譲語Ⅰ（「伺う・申し上げる」型）
>
> 自分側から相手側又は第三者に向かう行為・ものごとなどについて、その向かう先の人物を立てて述べるもの。（p.15）
>
> 謙譲語Ⅱ（**丁重語**）（「参る・申す」型）
>
> 自分側の行為・ものごとなどを、話や文章の相手に対して丁重に述べるもの。（p.18）

ポイントは、謙譲語Ⅰは、自分を低めることをせず、相手を立てるということです。「先生に手紙をお送りする」のような、動作の相手が存在する場合にしか、「お～する」が用いられないことからもわかるように、動作の相手を立てるのが謙譲語Ⅰです。相手を立てれば、もう自分を低める必要はありません。これまで学んできた「自分を低めて動作の相手を高める」という定義は、重複があったのです。

謙譲語Ⅱは、別名「丁重語」ともいい、話の場にいたり文章中に想定されたりする人に向けて用いるなど、まさに、丁寧語に近い性質のものです。文化審議会答申「敬語の指針」では、「従来の学校教育等で行われる３種類に分ける考え方と対立するものではない」と述べられていますが、私自身は、謙譲語Ⅰと謙譲語Ⅱ（丁重語）の性質は、かなり違うと考えます。語源は同じであっても、やはりこれからは、別のものとして、より正しく教える方がよいでしょう。

さて、この謙譲語は、**72**でも見ましたが、小学生には難しいものです。無理に小学生に対して教えるよりも、中学生でその原理を知り、中学校卒業までに使えるようになればよいでしょう。何より、謙譲語Ⅰは、基本的に動作の相手を必要とする他動詞に対して使い、自動詞には使いません。また、謙譲語Ⅱ（丁重語）は、「参る」、「申す」、「いたす」、「おる」など少数の動詞について特別な形があるだけです。使用場面が限られていますので、これを使いこなせれば敬語の達人になれるぐらいの気持ちで学べばよいと思われます。

時代とともに変化するのが敬語です。現代的な知識を学び、しっかりとその時代に合った敬語を次の世代に教えていきましょう。

[1] 文化庁「敬語の指針（答申）」https://www.bunka.go.jp/seisaku/bunkashingikai/sokai/sokai_6/

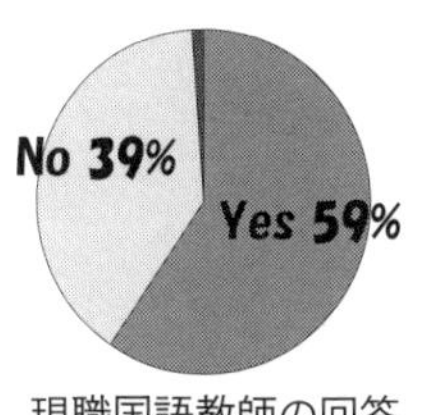

現職国語教師の回答

「植木に水をあげる」は、正しい使い方ですか。

平成 19（2007）年文化審議会答申「敬語の指針」で認められた表現です。

大学で国語を教えていると言うと、敬語について、自分の学んできた知識こそ正しいと考えている人から、間違いをとがめる根拠を確認されることがあります。**73** の「寒いです」も、上に挙げた「植木に水をあげる」も、「間違いですよね。」と確信とともに問われます。しかし、昔は間違いであったものが、現在は正しい表現となったなんてこともあるのです。

平成 19（2007）年の文化審議会答申「敬語の指針」[1]では、これまで正しくないとされてきたいくつかの形式が、敬語使用の実情に合わせて追認されました。「植木に水をあげる」と「とんでもございません（とんでもありません）」はその一例です。

「あげる」は、語源の「上げる」からもわかるように、本来、謙譲語であり、物の受け手を立てる機能をもっています。しかし、「敬語の指針」では、「この語の謙譲語的な意味が既に薄れていると考え、同時に『やる』という語に卑俗さ・ぞんざいさを感じてこれを避けている」として、「この語の謙譲語から美化語に向かう意味的な変化は既に進行し、定着しつつあると言ってよい」（p.9）と述べています。「（水を）あげる」は、新しく**美化語**として認められたのです。

また、「とんでもございません（とんでもありません）」も、本来、間違いとされてきました。その理由は、「とんでもない」は、一語の形容詞であり、「きたない」が「×きたありません」とならないように、「ない」だけを「ございません」や「ありません」にすることはないというものです。

しかし、「敬語の指針」では、「相手からの褒めや賞賛などを軽く打ち消すときの表現であり、現在では、こうした状況で使うことは問題がないと考えられる」（p.47）としています。どちらも、時代の変化に合わせて許容された形となったのです。

国語教育では、語源的な考え方を重視する傾向が強く見られます。古文教育を考えれば、首肯できる方向性です。上の「とんでもございません（とんでもありません)」についても、「敬語の指針」において全面的に使用を認めているわけではなく、褒め言葉を謙遜して打ち消す場合に限定して認め、それ以外は、「『とんでもない』を丁寧にするためには、『とんでもないです』『とんでもないことでございます』あるいは『とんでものうございます』にすれば良い」（p.47）と、伝統的な形も推奨しています。

さて、敬語は何のために用いるのでしょうか。現代を生きる私たちにとってより重要なのは、目の前の人とのよりよいコミュニケーションです。話し相手が年配者であれば、語源をより重視した語形が求められますし、同年代以下の相手であれば、変化を許容する姿勢も重要です。多様な語形を相手とTPOに合わせて使い分けるとよいでしょう。

反面、認められなかった表現もあります。「〜もらってもいいですか」という頼み方は、回りくどい印象を与えるとして、まだ認められていません。また「こちらコーヒーになります」や「こちらでよろしかったですか」のような言い方についても、記述がありません。だからと言って、一概に正しくないとも言いがたいでしょう《⇨ **57, 77**》。

この他にも、「敬語の指針」には、様々な語形の使用の可否が一問一答で示されています。一度、ご覧になって敬語を学んでみてはいかがでしょうか。

[1] 文化庁「敬語の指針（答申）」https://www.bunka.go.jp/seisaku/bunkashingikai/sokai/sokai_6/

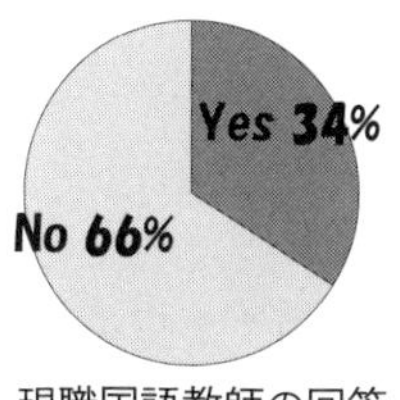

現職国語教師の回答

76
敬語・待遇表現

「お送りさせていただきます」は、正しい敬語ですか。

理論上は正しいです。ただし、より簡潔な言い方があります。

「させていただく」については、平成19（2007）年文化審議会答申「敬語の指針」[1]に次のような記述が見られます。

> 【解説1】「（お・ご）……（さ）せていただく」といった敬語の形式は、基本的には、自分側が行うことを、ア）相手側又は第三者の許可を受けて行い、イ）そのことで恩恵を受けるという事実や気持ちのある場合に使われる。したがって、ア）、イ）の条件をどの程度満たすかによって、「発表させていただく」など、「…（さ）せていただく」を用いた表現には、適切な場合と、余り適切だとは言えない場合とがある。

この適切さに関しては、具体的な例も挙げられています。

1 （相手の所有する本の）「コピーを取らせていただけますか。」
2 （研究発表会の冒頭）「それでは、発表させていただきます。」
3 （店の休業の張り紙）「本日、休業させていただきます。」
4 （結婚式における祝辞）「私は、新郎と3年間同じクラスで勉強させていただいた者です。」
5 （自己紹介）「私は、○○高校を卒業させていただきました。」

上記ア）、イ）に照らし合わせると、1はよいが、2や3は、許可がない場合には不自然、4や5は、両方の条件を満たさないため不適切となります。

現代では、許可を受けることで恩恵を受けると見立てて、「～させていただく」を使用する用法が広がっています。その発想自体は、謙譲語Ⅱ（**丁重語**）の発想と似ています。そのため、「～させていただく」は、謙譲語Ⅱ（丁重語）を補完する一般形と見ることもできます。

表題の「お送りさせていただきます」は、「お送りする」という謙譲語Ⅰと、謙譲語Ⅱの一般形としての「〜させていただく」の組み合わせ形です。異なるレベルの謙譲語（的表現）を用いているため、「お渡しいたします」同様、理論上、間違いとは言えません。ただ、やはり、冗長に感じるのは、「する」の謙譲語Ⅱの形として、簡便な「いたす」があり、「お送りいたします」と言えばよいからです。

同様に、前ページの２や３も「それでは、発表いたします」、「本日、休業いたします」で十分です。５も「私は、○○高校を卒業いたしました」ということができます。ただ、４だけは、「私は、新郎と３年間同じクラスで勉強いたしました者です」とはなりません。「者」の前は謙譲語にはせず、簡単に「私は、新郎と３年間同じクラスで勉強した者です」とします。あるいは、「者です」を省いて、「新郎と３年間同じクラスで勉強いたしました」でもよいでしょう。

敬語は、慣れていないとさじ加減が難しいものです。使わずにぶっきらぼうになったり、使いすぎてぎこちなくなったりします。特に「〜させていただく」は、汎用性もあり、何でも使えて便利なため、「次の議題へ移らせていただきます」や「教えさせていただいております」のように、ついつい使いすぎます。さらに、余計な「さ」まで入れて、「次の議題へ移らさせていただきます」のように言ったりもします。これは、一段動詞の「教えさせていただく」に引きずられて形を統一しようとした結果です。このように考えずに同じ形を使おうとするのは、敬語を使い慣れていない証拠。様々な形式を相手とTPOに合わせて使いこなす能力を、教師も身に付け、児童生徒にも身に付けさせていきましょう。

[1] 文化庁「敬語の指針（答申）」https://www.bunka.go.jp/seisaku/bunkashingikai/sokai/sokai_6/

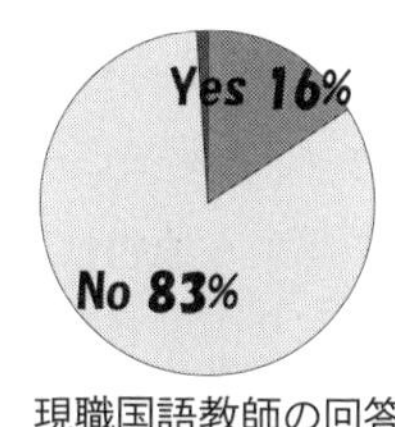

現職国語教師の回答

「コーヒーになります」などの耳慣れない敬語は、誤った使い方ですか。

敬意が込められている点で、すべて誤りと即断するのは早計です。

ファミリーレストランで「こちら、コーヒーになります」と言ったり、コンビニエンスストアで「お弁当をお温めしますか」と言ったりする敬語は、「**マニュアル敬語**」や「ファミコン敬語」などと呼ばれ、しばしば敬語の誤用として世を賑わせます。

平成19（2007）年文化審議会答申「敬語の指針」では、「マニュアル敬語」自体を、画一的で「顧客にかえって不快な思いを与えたり、その場にそぐわない過不足のある敬語使用になったりする」（p.9）敬語として使用に消極的な態度を見せつつも、敬語に不慣れな人のためには有効な面もあると指摘しています。そもそも、この答申では、「ご注文の品はおそろいになりましたでしょうか」という敬語の使い方を、主語の「ご注文の品」を立てているため、尊敬語の規則から見れば誤りであるとは指摘していますが、上に挙げた「コーヒーになります」や「お弁当をお温めしますか」は、例にも挙げていません。

とはいえ、巷間あふれる敬語指南書の類いに書いてあるように、「コーヒーになります」などは、よく誤りと指摘されます。変化が感じられないのに、「なる」という変化を表す動詞を使っているからです。しかし、尊敬語の「お書きになります」も、考えてみれば、「なる」わけではありません。変化を表さない「なる」がすべて誤用であるとはいえません。また、「コーヒーです」では敬意が足りず、「コーヒーでございます」では大仰すぎると感じる人には、中間的な敬意を表すのには有効です。もちろん、同じ表現を多用するのは単調さを生じます。たまには、「コーヒーをお持ちしました」など、変化をつけることがよいのです。

さて、「コーヒーになります」のような、変化を表さない「になります」は、いつ頃から使われていたのでしょうか。中里介山（なかざとかいざん）『大菩薩峠（だいぼさつとうげ）　第八巻　白根山（しらねさん）の巻』（1918）に、「峠へ出るまでは少し廻りになりますから、富士の山に押されるようなあんばいになります」と旗本の妾に対しお供が述べるシーンがあります。「廻りになります」は変化を含意したとしても、「あんばいになります」は、変化が感じられません。大正初期には、すでに「コーヒーになります」のような用法があったのでしょう。

平成19（2007）年の文化審議会答申「敬語の指針」[1]には、いわゆる「マニュアル敬語」の問題点として、次のようにも書かれています。

> こうしたマニュアル敬語は、アルバイトの若者や、彼らが働くレストランやコンビニエンスストアなどだけに特有の問題では決してない。敬語の使い方に問題はなくても、お客の顔を全く見ないまま接客を済ますなど、態度が言葉を裏切っている大人も世の中には少なくない。形だけの敬語では、敬意は伝わらない。相手の表情や動作ににじみ出た気持ちを察知する、相手の言葉にしっかり耳を傾ける、そしてその場面の意味と相手の気持ちを十分に踏まえた上で、敬意を言葉に乗せて表す、そのような姿勢を持つことが何よりも大切だと言えよう。

ファミリーレストランやコンビニエンスストアで働いているのは、多く、学生などの敬語初心者です。敬語は、社会で身に付けるものと、客の側が寛容に振る舞うことも大切です。奇異な敬語ととがめたりする行為は、自動車運転で初心者マークを付けた車をあおるのと同じ。運転も敬語も、初心者には寛容に接すればよいのではないかと私は考えます。ファミリーレストランやコンビニエンスストアで、そのような敬語を使っていたとしても、「客をぞんざいに扱っている」と言って怒り出すこともありません。まずは、敬語を使おうとする心、次に態度、最後に敬語の正しい形が重要となってきます。心のこもっていない敬語をマニュアルを使っていくら教えても、寂しいものではないでしょうか。

[1] 文化庁「敬語の指針（答申）」https://www.bunka.go.jp/seisaku/bunkashingikai/sokai/sokai_6/

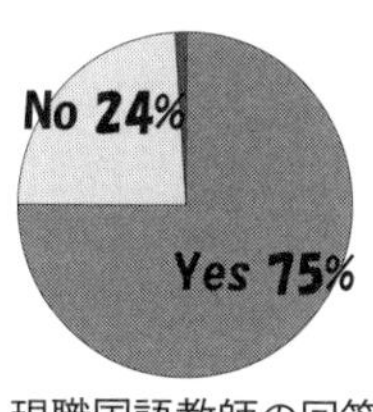

現職国語教師の回答

78
敬語・待遇表現

会議で先輩に対して「あなた」を使うのは、失礼ですか。

話し相手を指し示して使う対称詞は、一般的に、目上の人に対して使いにくい言葉です。

言葉は、時代とともに形や意味を変容させます。「かはゆし」に江戸時代頃まであった「かわいそう」の意味は、今の「かわいい」にはありませんし、古文で習う「目が覚める」の意味の「おどろく」も、今では失われてしまいました。語の意味は変化するものなのです。

特に、敬語は、**敬意逓減（ていげん）の法則**といって、意味が変容しやすい性質をもっています。字面はよい「貴様」も、今ではよい意味をもっていませんし、「御前」を語源とする「おまえ」も目上に使えません。

「あなた」は、平成19（2007）年文化審議会答申「敬語の指針」に、次のように説明されています[1]。

> 【解説1】「あなた」は、本来は遠くを指し示す「あなた（彼方）」という言葉から生じ、敬意の高い敬語であった。しかし、現在では、年齢や立場が同等、あるいは下位にある人に対して使うことが一般的となっており、上位者に対しては用いにくくなっている。また、相手の名前を示さずに呼ぶことで、中立的な表現となる反面、やや冷たい響きが感じられると言える。したがって、先輩に対する呼び方としては、適切だとは言えないだろう。
>
> （p.42）

このように、「あなた」は、目上に対して用いるべき形式とはいえません。

日本語には、厳密な意味で、目上に対して用いられる**対称詞**は存在しません。先生や社長に向かって、「あなたは、どこへいらっしゃいますか」とは言えないのです。代わりに、「先生」や「社長」のような、地位を表す言葉を用いて、「先生は、どこへいらっしゃいますか」などと聞くことはできます。また、近所の人であれば、「田中さんは、どこへいらっしゃいますか」と、名前を用いて呼ぶこともできます。日本語の目上の人に対する対称詞は、役職名や名前なのです。

会議のようなお互い対等に議論し合う場面でも、ここは日本です。「あなた」は使いにくいでしょう。その点、学校で互いに「先生」と役職名で呼ぶのは、便利な方法です。

さて、自称詞はどうでしょうか。こちらも、相手との関係によって決まります。英語では 'I' だけで済まされる自称詞も、日本語では、「僕」、「私（わたし・わたくし）」に加えて、若い人が用いる「うち」やぞんざいな「おれ」など、様々に用いられます。さらに、「拙者」や「わちき」など、特定の階級・職業を想像させる自称詞も存在します。英語は、「自己」がまず存在し、そこから他者が規定されるのに対し、日本語は、社会の中の関係性と、話の場の性質によって、「私」も他者も言語化される言語です。言葉は、その使われる社会をある面で反映しています。ただし、これは、言語の優劣ではなく言語の個性です。

丁寧な自称詞としては、「わたし」がよいでしょう。一方、子供に向かって、「先生」など、立場を指す名詞を自称詞として用いることもあります。これも間違いではありません。自称詞としての役職名は、相手に立場の違いを常に意識させる作用があるため好ましくないという考えがあったり、英語で 'Your teacher tells you …' と言わないから正しくないと、英語基準で考える人もいたりしますが、日本語には日本語のルールがあります。日本語において、立場を指す言葉を自称詞として用いることは親しさを表現していると感じられますので、使用してもよいと考えます。

英語よりも複雑な人称詞使用のルールが、日本語にはあります。敬意を適切に表すなら、対称詞などの人称詞の枠だけで考えないことが重要です。

[1] 文化庁「敬語の指針（答申）」https://www.bunka.go.jp/seisaku/bunkashingikai/sokai/sokai_6/

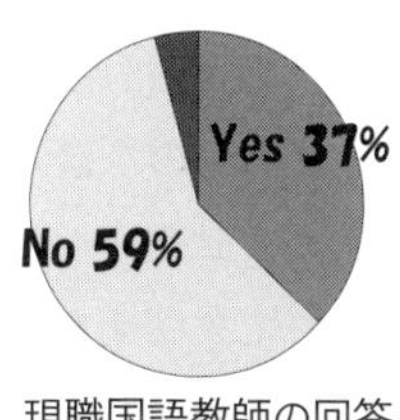

現職国語教師の回答

79

敬語・待遇表現

敬語を学びさえすれば、他者に対して適切に対応することはできますか。

敬語だけでは不十分です。広く待遇表現を考えましょう。

日本語の敬語は、尊敬語、謙譲語、丁重語、丁寧語、美化語といった、限られた範囲の敬意を表す表現群です。実際に、尊敬語を用いても、社長に向かって、「書類は、もうお書きになりましたか」と言うことはできません。また、母親に対しては、「お弁当、作った？」では悲しませてしまいますし、「(私の) お弁当、お作りになりましたか」とも聞けません。敬語だけでは、適切に言い表せないことがあるのです。

何がいけないのでしょうか。これらの表現には、感謝の気持ちが表されていません。日本語では、話し手にとって有益な出来事に対して、感謝の気持ちを表す必要があるのです。上の社長に対しては、「書類は、もうお書きいただけましたか」のように感謝の気持ちを表さなければ適切な配慮が示されているとは言えません。母親であっても、感謝の気持ちを表して「お弁当、作ってくれた？」などとしなければならないのです。日本語には、敬語以外にも、感謝を表す**待遇表現**が必要なのです。

このような恩恵表現は、世界で日本語がもっとも複雑な仕組みをもっています。「お弁当を作ってくれた」と言えば、こちらから頼んだかどうかはわかりませんが、「お弁当を作ってもらった」と言えば、こちらから頼んだ可能性が高くなります。また、「書類を書いてくださった」よりも「書類を書いていただいた」の方が、より敬意が高く感じられます。

また日本語では、目上の人を褒めたり意向を尋ねたりしないことも、重要です。教育実習に来た学生が、「指導の先生の板書は、とても上手だった」などと書いているのを読んで苛立ったことはありませんか。敬語が使えていないからではありません。「とてもお上手でした」としてもだめです。先生の教師としての仕事のできばえを褒めてはいけないという日本語のルールに違反しているから苛立つのです。しかし、それは、小中学校で敬語だけを教え、適切な待遇表現を国語の授業で教えなかった先生にも非があると、私は考えています。敬語だけでは不十分で待遇表現の適切な運用の教育が必要なのです。

相手を主語にする表現にも、注意が必要です。「◯◯先生は、とても上手に声がけをされていました」と教育実習生に言われても、やはり気持ちのよいものではありません。では、どのように表現したらよいでしょうか。このような場合、常に、「私」を主語にして述べることを心がけます。「◯◯先生の声がけのしかたから（私は）多くを学ばせていただきました」などの表現にすればよいでしょう。主語を私に置いてへりくだることが重要です。謙譲の気持ちは、こうやって適切に表現できて初めて役に立つのです。

『中学校学習指導要領（平成29年告示）』「第２章 各教科　第１節 国語」には、次のように載っています（下線は筆者）。

> 第３学年
>
> 〔知識及び技能〕
>
> (1)　言葉の特徴や使い方に関する事項
>
> 　エ　敬語などの相手や場に応じた言葉遣いを理解し、適切に使うこと。

この「など」の内容がどういったものなのか、詳細の記述は見られませんが、上に述べたように、敬語の周辺に存在する待遇表現が重要な表現群であることは疑いようがありません。狭い意味の敬語だけでなく待遇表現全般に十分に配慮した学習が求められます。

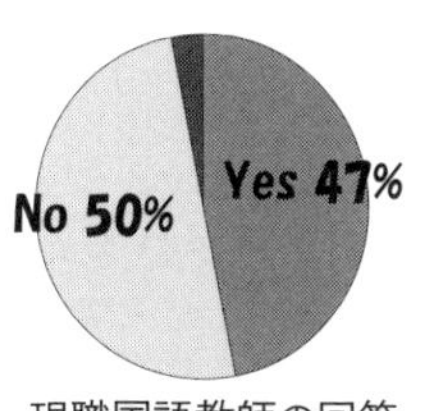

現職国語教師の回答

生徒からタメ口で話されたら、すべて注意すべきでしょうか。

タメ口には、人間関係を円滑にする効果がある場合もあります。

79 では、恩恵表現などを含めた待遇表現にまで広げて、人を適切に待遇することを考えてきましたが、人と人との間の言語的な振る舞いをより適切に捉えるためには、さらに広げて考える必要があります。

人は、言葉を使って、他者との関係を確立しそれを維持しようと努めます。はじめは、単に丁寧な言葉遣いが他者との適切な距離を保てることもあるでしょうが、同時に、相手との距離を詰める言葉遣いをして仲良くなりたいと思ったりもします。こうして「心地よい人間関係」を築いていこうとするのです。

このような人間関係における言語使用の機能を理論化したのが、ブラウン＆レヴィンソンの「**ポライトネス理論**」[1]です。この理論は、日本語にも多く翻訳されていますが、「ポライトネス」の捉え方には注意が必要です。宇佐美まゆみ氏によれば、「ポライトネス」は、簡潔には「人間関係を円滑にするための言語ストラテジー」とされ、英語の 'politeness' の辞書的な意味とも大きく違っています[2]。

この「ポライトネス理論」の中心となる概念が、以下に挙げる２種類の人間関係に関する基本的欲求です。宇佐美氏の文章から引用します。

> ポジティブ・フェイス：他者に理解されたい、好かれたい、賞賛されたいという「プラス方向への欲求」
> ネガティブ・フェイス：賞賛されないまでも、少なくとも、他者に邪魔されたり、立ち入られたくないという「マイナス方向に関わる欲求」

この２つのフェイスを脅かさないようにすることが「ポライトネス」なのです。

この理論を応用すると、敬語を使用することは、ネガティブ・フェイスを脅かさないようにするという効果はもっていますが、「心地よい人間関係」を築くためには、それだけでは不十分ということになります。逆に、生徒からタメロで話されることは、ポジティブ・フェイスに叶った言語運用ということになります。敬語もタメロも、どちらも、実際の言語使用場面において適切に対人関係を表現する言語表現と言えるというわけです。

平成29年（高等学校は30年）の改訂で、中央教育審議会答申を受けて『学習指導要領』に盛り込まれた新しい資質・能力には、知識・技能、思考力・判断力・表現力とともに、「どのように社会・世界と関わり、よりよい人生を送るか（学びを人生や社会に生かそうとする「学びに向かう力・人間性等」の涵(かん)養）」が挙げられています。まさにこの目的を達成するために、「ポライトネス理論」の考え方を入れた国語教育が求められていくでしょう。

[1] Brown, P., & Levinson, S. (1987) *Politeness: Some universals in language usage.* Cambridge University Press.（日本語でも、翻訳版が出ているがかなり難解）

[2] 宇佐美まゆみ（2002）「ポライトネス理論と対人コミュニケーション研究」国際交流基金『日本語教育通信ー日本語・日本語教育を研究するー』https://www.jpf.go.jp/j/project/japanese/teach/tsushin/reserch/backnumber.html

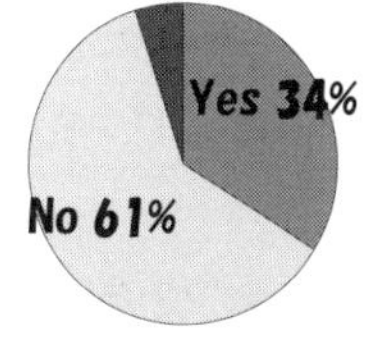

現職国語教師の回答

81
方言・外国語

方言は、東京の言葉がなまったものですか。

方言は、昔の京都の言葉などに影響を受けていたり、各地で独自に発達したりした言葉です。

方言のでき方には、いくつかあります。

多くの語彙は、都が置かれていた京都の古い言葉に由来します。秋田の「めんこい」は、「いとおしい」「かわいらしい」という意味の古語「めぐし」が変化したものですし、鹿児島方言で後に軍隊の言葉を経て共通語となった「びんた」などは、頭の側面の髪の毛を指す「鬢（びん）づら」という古語に由来します。方言には、古い都の言葉が変化した語句が多いのです。

江戸から各地に広まった言葉も、特に15世紀以降の東日本では多く見られるようですが、それでも京都中心の言葉の勢力は、東日本でも優勢ですので、方言は必ずしも江戸の言葉が変化したものとは言えません[1]。

明治以降でも、おおよそ、方言の広がりは京都・大阪を中心に、東日本では東へ、中国・四国地方などでは西へと動いているものがあります。もちろん、関西方言から東京に直接入った「～させてもらいます」や「しんどい」などもありますが、東海～神奈川で一般的だった「ら抜き言葉」が、じわじわと東京に浸潤したという考え方もあります。

一方、江戸時代から日本の中心となった江戸（東京）は、上方（京都・大阪）や愛知県三河地方などから多くの言葉を取り入れてきました。中には、関東周辺部から東京方言に入ったと考えられている言葉もあります。若者言葉の「ウザい」は、東京西部の言葉が由来と言われます[2]。東京の言葉は、常に、各地の方言から影響を受けて発展し続けているのです。

さて、方言は、戦後教育でどのように受け取られてきたのでしょうか。『学習指導要領』で、その扱いの変遷を見てみましょう（下線は筆者）。

昭和22年『小学校学習指導要領　国語科編』（私案）「第一章 まえがき 第二節 国語科学習指導の目標」

なるべく、方言や、なまり、舌もつれをなおして、標準語に近づける。

昭和 33 年改訂『小学校学習指導要領』「第 2 章 各教科　第 1 節 国語」

全国に通用することばとその土地でしか使われないことばとの違いを理解すること。

昭和 43 年改訂『小学校学習指導要領』「第 2 章 各教科　第 1 節 国語」

共通語と方言とでは違いがあることを理解し、また、必要な場合には共通語で話すようにすること。

昭和 52 年改訂『小学校学習指導要領』「第 2 章 各教科　第 1 節 国語」

なまりや癖のない正しい発音で話すこと。

平成元年改訂『小学校学習指導要領』「第 2 章 各教科　第 1 節 国語」

発音のなまりや癖を直すようにして話すこと。

平成 10 年改訂『小学校学習指導要領』「第 2 章 各教科　第 1 節 国語」

共通語と方言との違いを理解し、また、必要に応じて共通語で話すこと。
(平成 20 年改訂版も同じ文言)

平成 29 年改訂『小学校学習指導要領』「第 2 章 各教科　第 1 節 国語」

語句の由来などに関心をもつとともに、時間の経過による言葉の変化や世代による言葉の違いに気付き、共通語と方言との違いを理解すること。

平成 10 年以降、「なまり」という言葉は使用されていません。しかし、多くの先生は、子供の頃、「なまり」を直す教育を受けてきています。一朝一夕にその意識が変化することはないかもしれませんが、東京の言葉と違えば「なまり」であるという考え方を止めて、方言は地域の個性であると認め合う教育が、これからは求められます。

[1] 井上史雄（2007）『変わる方言　動く標準語』筑摩書房、pp.126-195.（特に p.187.）

[2] 井上史雄・鑓水兼貴編（2002）『辞典　新しい日本語』東洋書林

現職国語教師の回答

82 方言・外国語

沖縄の言葉やアイヌ語は、日本語の方言ですか。

沖縄の言葉は方言とする説が一般的ですが、アイヌ語は別の言語です。

沖縄の言葉は、北琉球方言と南琉球方言で大きく異なる言語です。ここでは、沖縄本島の北琉球首里方言を例に考えてみます。

首里方言の桃太郎を挙げてみます。

ンカシ　ンカシ　アルトゥクルンカイ　タンメートゥ　ンメーガ
メンシェービータン。タンメーヤ　ヤマンカイ　タムン　アガネーイガ
ンメーヤ　カーランカイ　チンチュルカー　アライガ　イチャビタン。
ンメーガ　チンチュルカー　アラトーンディ　シーネー　カーラヌ
ウィームティーカラ　マギサル　ムムヌ　アマナイクマナイ　ユッタイ
クヮッタイ　ソーティ　ナガリティ　チャービタン。ンメーヤ　ウヌ
ムム　スクティ　ウチンカイ　ムドゥティ　イチャビタン[1]。

一見すると、わかりにくい言葉もありますが、冒頭の「ンカシ」は「昔」ですし、5行目の「ムム」は「桃」です。その他の語でも、共通語の「オ」が首里方言の「ウ」に規則的に対応しています。また、基本的な語彙が共通していることと、語順が同じであることから、北琉球首里方言は、日本語の方言と言うことができます。

国が違ってもそっくりな言語もあります。イタリア語とスペイン語は、比べてみるとそっくりです。『新約聖書』「ヨハネによる福音書」の冒頭部分を挙げてみます。日本語では「はじめに言葉があった。言葉は神と共にあった。言葉は神であった。」という部分です。

イタリア語　Nel principio era la Parola, e la Parola era con Dio, e la Parola era Dio.

スペイン語　En el principio era el Verbo, y el Verbo era con Dios, y el Verbo era Dios.[2]

どうですか。イタリア語の 'la Parola'（言葉）は、'il Verbo' を使う訳もあります。特に両言語を知らなくとも、少し音が変化しただけであると感じないでしょうか。同じ国の中の言語であれば、方言と言ってもよい程度の違いです。琉球も、琉球処分（明治５（1872）年）によって日本国に組み込まれず、そのまま独立国であったならば、琉球語という別言語が存在したかもしれません。

一方の**アイヌ語**は、中川裕・中本ムツ子両氏によりますと、「山」は nupuri、「川」は pet で、日本語と類似性が認められません。もちろん、sake（酒）や sippo（塩）など、日本語からの借用語が一部にありますし、語順も似ているなど共通点はありますが、動詞について主語の人称を表す人称接辞という日本語にない仕組みもあり、文法が大きく異なります[3]。つまり、方言とはいえない違いがあるのです。

もちろん、アイヌ語は「外国語」ではありません。日本列島には、別言語が存在し、また、今、都市に別言語のコミュニティーも生じていることを適切に理解しておきましょう。

[1] 佐藤亮一監修（2007）『方言（ポプラディア情報館 23）』小学館、p.190.
[2] Word Project 'BIBLES' https://www.wordproject.org/bibles/
[3] 中川裕・中本ムツ子（1997）「単語リスト」『エクスプレスアイヌ語』白水社、pp.124-135.

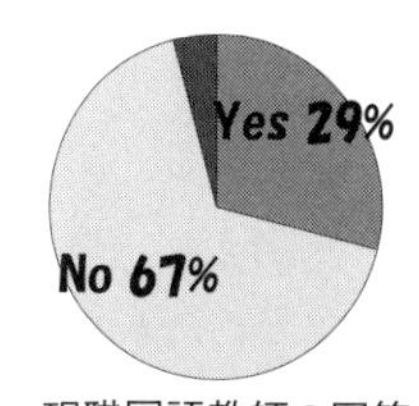

現職国語教師の回答

国語教育では、方言を使ってはいけませんか。

方言の担う役割を理解し尊重する気持ちは、『学習指導要領』でも謳われています。

『学習指導要領（平成29年告示)』では、平成23（2011）年に起きた東日本大震災の教訓を受けて、方言の理解と尊重が謳われました。特に、小学校第5学年及び第6学年との接続を意図して、「共通語と方言の果たす役割について理解すること」が中学校第2学年から第1学年に移行されました。つまり、3学年（あるいは2学年）連続して学ぶように設計し直されたのです。

『中学校学習指導要領（平成29年告示）解説　国語編』には、次のように述べられています。少し長くなりますが、引用しておきます（太字は原文のまま、下線は筆者)。

第1学年　(3) 我が国の言語文化に関する事項

(3)　我が国の言語文化に関する次の事項を身に付けることができるよう指導する。

ウ　共通語と方言の果たす役割について理解すること。

小学校第5学年及び第6学年の〔知識及び技能〕の(3)ウの「共通語と方言との違いを理解すること。」を受けて、共通語と方言のそれぞれが果たす役割について理解することを示している。

共通語は地域を越えて通じる言葉であり、**方言**はある地域に限って使用される言葉である。共通語を適切に使うことで、異なる地域の人々が互いの伝えたいことを理解することができる。一方、方言は、生まれ育った地域の風土や文化とともに歴史的、社会的な伝統に根ざした言葉であり、その価値を見直し、保存・継承に取り組んでいる地域もある。

例えば、東日本大震災による被災地域においても、方言を使うことで被災者の心が癒やされるなどした事例が報告されるとともに、方言の保存・継承の取組そのものが地域コミュニティーの再生に寄与するなど、地域の復興に方言の力を活用する取組も進められている。

こうした方言が担っている役割を、その表現の豊かさなど地域による言葉の多様性の面から十分理解し、方言を尊重する気持ちをもちながら、共通語と方言とを時と場合などに応じて適切に使い分けられるようにすることが大切である。

一般に、『学習指導要領解説』で、ここまで紙幅を割いて詳細に述べられることは多くありません。方言に対する熱い思いが伝わってきます。

もちろん、対象として国語の授業で方言を教えることと、方言を用いて国語を教えることとは異なります。方言を用いて国語を教えることは、さすがに躊躇されると考える教師もいると聞きます。実は、県によって、方言が多く使われる県と、ほとんど使われない県があるようで、私の住む岐阜県では、教育で方言が多く用いられます。それは、授業中であっても、子供たちとの距離をより縮めて発言しやすい雰囲気を作ろうとする意図があるためです。子供たちに対してポジティブ・フェイス《⇨ **80**》を脅かさないためには、「仲間うちであることを示す標識を用いよ」という原則に則り、仲間言葉や方言を使用することも、ときには有効なのです。

共通語は威厳をもって知識・技能を伝達する知の言葉であり、子供に対し生活上の指導をする際には、情の言葉である方言を使用する。国語の授業でも、今、何をどのように伝えようとしているのかを考えて、2つの日本語のスタイルを切り替えることが肝要です。

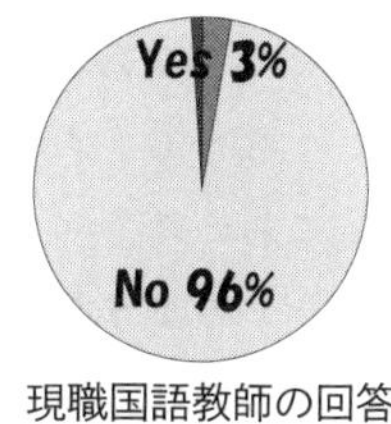

現職国語教師の回答

若い人は、もう方言を使っていませんか。

形を変えて新しい方言を使っていることもあります。

東京発のドラマでは、方言が地方出身者を特徴付けるために使われる**役割語**のようにも感じられることがありますが、まだまだ方言が色濃く残り地域の共通語となっている地域もあります。東京やその周辺だけで、もう若い人が方言を使っていないと判断するのは危険です。

実際、東北地方や九州地方などでは、若い人が方言を使用する率が高いとの報告もあります[1]。このような地方では、世代を超えて通じ合える独自の言葉が共通語の他にある。とてもステキなことです。

また、語彙的には共通語にどんどん置き換わりつつあるけれど、アクセントやイントネーションなど、地域性のある韻律特徴は、気付かれないで残っているということも多くあります。たとえば、東海地方（京阪式アクセントの三重県を除く）では、たしかに若い人が伝統的な方言語句を使用することは少ないですが、「服」や「靴」を「フクガ」「クツガ」と頭高型アクセントで言ったり（共通語では尾高型の「フクガ」「クツガ」）、「でしょう？」で確認するときに「ショ」の部分だけが高く「ー（長音）」で急降下するイントネーションが使われたりすることがあります。音声には、その地域の特徴が残りやすく、また、出やすいものなのです。

方言を多く使用してきた地域では、いくら若い人が伝統的な方言語句を使わなくなったといっても、一気に共通語に移り変わるのではなく、共通語と方言の中間的な形態を用いて話をしているという研究もあります。このような話のスタイルを、**ネオ方言**といいます[2]。たとえば、「行かなかった」や「行かないで」という意味で「イカナンダ」や「イカンデ」という伝統的な方言形を使っていた地域において、一足飛びに共通語になるのではなく、「イカンカッタ」や「イカンクテ」のような、方言否定辞「ン」を残した形を使うスタイルを用いることはよくあります。多くの地域で、若い人は、伝統的な方言形を使わなくなっただけで、新しい方言形を使って生活しているのです。

このような若い人の間の方言の変化とは別の流れで、方言をより重視する動きも見られます。医療や介護の現場では、より切実に方言によって病状を訴えてくる患者や要介護者に寄り添う言葉として方言が見直されています。この場合には、ネオ方言だけでなく伝統的な方言も学ぶ必要が出てきます。

また、東京一極集中が進む中、地方が個性を発揮するために、方言は有効な資源となります。地域差もありますが、東北や九州では、方言が景観に溶け込み、観光に一役買っています。観光に何を求めるのかを真剣に考えれば、地方がやるべきことは、方言を含めたその土地が独自にもつ個性の発揮だと気付くでしょう。

方言は、様々な面でメリットをもつ言語です。『学習指導要領』でも、理解と尊重の上に、共通語との適切な使い分けが求められています。若い人の使っているネオ方言を入口にして、地域で守り伝えられてきた方言をより積極的に理解しようとする教育が行われるべき時代になってきたといえるでしょう。

[1] 佐藤和之・米田正人編（1999）『どうなる日本のことば―方言と共通語のゆくえ―』大修館書店、p.126 他.
[2] 真田信治（2000）『脱・標準語の時代』小学館、pp.121-124.

85
方言・外国語

外国にも、方言はありますか。

歴史のある国には、必ず方言があります。

イタリアからフランスに列車で向かうと、国境の町で急に表示言語が変わります。書いてあるものだけを見ると、国境で一気に言語が変化するように感じますが、実際に現地の生活者の話し言葉に耳を傾けると、両言語とも異なる中間的な言葉（この場合は、プロヴァンス語）が話されていることに気付きます。言語はつながっているのです。

イタリアには、数多くの方言が存在します。それは、二千年以上前のローマ帝国の時代、ローマの言葉であるラテン語が、被征服地の言語と混じり合いながら、様々な言語を形成していき、さらに年月を経て国家の中に取り込まれることによって方言が形成されていったことによるものです。フランスでも同様に、パリのフランス語の他にも、南部にはオクシタン語やプロヴァンス語など、多くの方言（言語）が存在します。長い歴史のある国には、方言が必ず存在するのです。

アメリカのような大きな国であっても、歴史が比較的短い国に、**地域方言**は多くありません。McCrum ら（1986）では、東部ニューイングランド方言、内陸北部方言、中北部方言、中南部方言、南部方言の 5 つに分けています[1]。日本の面積の 26 倍という広い国土に、たった 5 つです。

ただし、アメリカには地域差の代わりに、出自の異なる人々によって話される社会的変種（**社会方言**）が多く存在します。アフリカやヨーロッパから移住してきた非英語圏の人の言語特徴が英語の中に定着したものもあります。アメリカという国の成り立ちが、地域方言よりも社会方言を多く生じさせています。また、先住民（native Americans）の言語も忘れてはいけません。

さて、方言と歴史とは切っても切れない関係にあるのは上述の通りですが、日本においては、いつから方言差が意識されていたのでしょうか。奈良時代末頃に成立した『万葉集』には、東国出身の防人（さきもり）が詠んだ歌が収められ、そこに「影（かご）」や「我（わろ）」のような、当時の都とは異なる言葉遣いが多く見られます。また、「方言」という言葉は、『東大寺諷誦文稿』（796-830頃）に初めて見られ、「此の当国の方言、毛人の方言、飛弾の方言、東国の方言」という記述が見られます（『日本国語大辞典［第二版］』）。「毛人」とは、「大和政権に服属しない、東国に居住する集団をいう。蝦夷」（『同』）とありますから、アイヌ語という別言語の可能性もありますが、言葉の違いはすでに奈良・平安の昔から意識されていました。

このように、日本をはじめ、世界の国々の中には、「中央」となった地域の言語の他に、多くの周辺部の言語が存在します。EUでは、その多様性を尊重し1992年に「地域言語・少数言語のための欧州憲章」を採択し、保護に努めています。この「少数言語」に「公用語の方言」は含まれませんが、一方で、ユネスコ（国際連合教育科学文化機関）が2009年に発表した「消滅危機言語」の中には、日本の次の「言語」も含まれています[2]。

極めて深刻：アイヌ語
重大な危機：八重山語、与那国語
危険：八丈語、奄美語、国頭語、沖縄語、宮古語

ユネスコでは、これらを「言語」と扱いますが、アイヌ語を除けば日本語の方言です。文化庁は、八重山語以下に「方言」と添えています。

方言を含め少数言語を守る理由は、その言語話者のアイデンティティを守るためでもありますが、最大の理由は言語を含む文化的多様性の確保です。多様性こそ、未知の危機に対応する鍵なのです。事実上世界標準語となった「英語」や国家の共通語のように、意思疎通に便利な言語以外に、様々な地域の言語という多様性を守っていきましょう。

[1] McCrum, R., Cran, W., & Macneil, R. (1986) *The story of English*. Viking Penguin Inc., p.255.

[2] 文化庁「消滅の危機にある言語・方言」https://www.bunka.go.jp/seisaku/kokugo_nihongo/kokugo_shisaku/kikigengo/index.html

現職国語教師の回答

86
方言・外国語

外国出身の子供には、母語を忘れさせて日本語だけを使わせますか。

母語の確実な継承が必要です。

国を越えて移動する子供の言語的ハンディキャップは、その経験をしたことのない人には想像も付かないほど過酷なものです。まったく知らない言語の話者ばかりの教室に放り込まれたとしたら、誰でも不安になり、そこで教えられていることが理解できないまま時間が過ぎるのを待つことになります。

日本語を母語としない子供たち（以下、**JSL 児**（=Japanese as a Second Language））については、平成２（1990）年の「出入国管理及び難民認定法」改正によって、多数入国することになった際、十分な教育体制もカリキュラムもないまま、日本の教室に入れられることが多くありました。現在では、日本語初期指導を行う教室が市町村ごとに学校の枠を越えて設置されるなど、受け入れ態勢が整いつつありますが、未対応の自治体もあります。

さて、JSL 児には、国語を教えるのでしょうか、日本語を教えるのでしょうか。戦後一貫して『学習指導要領』では、第１学年において、「音節と文字との関係」を教えることになっていますが、現状では入学時にすでに平仮名が書けることを前提に、第１学年で 80 文字の漢字を勉強します。必ずしも第１学年から編入するとは限らない JSL 児には、日本語の基礎となる平仮名及び片仮名を、どの学年でも基礎として教えなければ、教科学習が始まりません。また、書記法に限らず、文法も重要ですが、外国語と対照させて日本語文法を捉えることの少ない国語科においては、JSL 児に理解しやすい文法指導が十分に行えているとはいえません。

JSL 児にとっては、外国語として、日本語を基礎から教える必要があります。

日本に来たら日本語だけを覚えればよいというわけでもありません。よく、「ここは日本だから、あなたの国の言葉を忘れて、日本語を勉強しなさい」という指導が学校で行われると聞きます。また、保護者に対しても、「子供の日本語学習のためにも、家庭で日本語を使ってください」と指導することもあるようです。最近はこのやり方も少なくなったかもしれませんが、このように母語を忘れさせる教育方法は、大間違いです。

小学校入学時に来日したとしても、すでに６年間の母語習得期間があります。来日前に培われた母語の言語力は、第二言語として学ぼうとする日本語の基礎となります。この基礎を取り壊し更地にした上に日本語を構築することは、言語力自体を崩壊させてしまう可能性があります。その結果、何語においても表現力が十分でない言語能力が制限された状態であるダブルリミテッドという状況を生じさせることもあります。家庭では母語を十分に継承し、その概念を援用しながら第二言語としての日本語を学ぶことが大切なのです。

すでに、日本生まれの外国籍児童生徒も一定数います。彼らにとって、日本語が第一言語となりつつある現在、日本という社会で有利な日本語が使えない親を卑下することも生じています。学校では、どの言語も平等に価値をもつことを説き、両方使えるダブルメリットをもつ子供たちを育ててほしいと思います。

もう１つ心配なのが、**不就学**の問題です。令和元（2019）年の調査では、義務教育諸学校と外国人学校のいずれにも通っていない小中学生が、住民登録されている「外国人の子供」113,698人の0.6%に当たる630人いることが確認されました。さらに、就学状況が確認できない子供は、8,658人（=7.6%）いて、こちらも深刻です[1]。花咲く時期の受粉が結実をもたらすように、義務教育は、言語能力を発達させる重要な時期です。子供は、国籍を問わず、社会の宝物として、適切に教育することが大切です。

[1] 文部科学省「外国人の子供の就学状況等調査結果（確定値）概要」https://www.mext.go.jp/content/20200326-mxt_kyousei01-000006114_01.pdf

現職国語教師の回答

87
方言・外国語

JSL児は、友達と話せれば、もう、日本語指導は必要ないですか。

話す・聞くに関する生活言語だけでは、十分に教科学習についていけません。

日本語が話せるようになったのに、授業についていくだけの力がない。こういった**JSL児**（日本語を母語としない子供たち）もいます。それは、話す能力と授業で必要とされる言語力とが、連続してはいるけれど異なる言語能力だからです。

話す・聞くに関する生活レベルの基礎的言語能力であるBICS（Basic Interpersonal Communicative Skills≒**生活言語**）は、比較的容易に習得されます。単文で現場に即した現実を述べることは、特に、10歳以下の年少者にとって、困難ではありません。

しかし、教科学習に必要なCALP（Cognitive-Academic Language Proficiency≒**学習言語**）と呼ばれる言語能力は、生活言語と別物です。複文を多用して架空のことを論理的に述べる能力は、ただ話せるだけでは身に付いていません。友達と話せても日本語指導が不必要ではないのです。

また、学習は、概ね10歳（9歳という説もある）前後で大きく質が変わるという仮説があります。この「**10歳の壁**」と呼ばれる時期以前に入国していると、生活言語の習得は比較的容易です。しかし、学習言語は別に育てていかなければなりません。反面、10歳以降では、生活言語の習得が逆に困難になります。年齢に合った学習法を提供する必要があります。

漢字学習を例にとってみると、小学校高学年以降では、ドリルを繰り返し解くなどの単純な反復練習が適さなくなります。教育漢字の数は、今回の『学習指導要領』の改訂で県名が盛り込まれたことにより、6年間で1,026字となりました。偏と旁、構えと繞（にょう）などの形で整理した効率的な漢字の学習も考えなければなりません。

表1　偏と旁の組み合わせによる漢字ビンゴゲーム

	木(1)	寸(6)	寺(2)	交(2)	主(3)	毎(2)
亻(人)	休(1)	付(4)	侍*	佼**	住(3)	侮*
扌(手)			持(3)	挍**		
木	林(1)	村(1)		校(1)	柱(3)	梅(4)
氵(水)	沐**				注(3)	海(2)
日	杲、杳**		時(2)	晈**		晦**

（数字）学習学年　（*）教育漢字外の常用漢字　（**）常用漢字外

こう整理することで、漢字が偏と旁などの組み合わせでできていることが理解されます。また、音読みの類似性も理解できます。さらに、ビンゴゲームのように楽しく覚えられます。

さて、JSL児の約半数は、「日本語指導が必要」と認定されていますが、どのような基準を満たせば、日本語指導卒業となるのでしょうか。これまで、明確な基準はありませんでしたが、平成26（2014）年、文部科学省が「外国人児童生徒のためのJSL対話型アセスメント」、略してDLA（Dialogic Language Assessment for Japanese as a Second Language）[1]を公表し、日本語指導の目安となる日本語能力の把握・測定法を提唱しました。会話の流暢度、弁別的言語能力、教科学習言語能力という3つの側面から、指導者が子供たちと向き合って行う対話型で、話す、読む、書く、聴くの4技能にわたる言語能力測定が行われます。これまで、先生の経験だけで「話せるようになったから日本語指導は不必要」とされてきた子供にも、個々の実情に合った教育がなされると期待されます。

日本は、すでに人口の2%以上が外国人です。少子高齢化とともに、この割合は高まっていくことでしょう。国語科も、従来の伝統を維持しながら、日本語能力育成の科目となることも求められていきます。そのために、国語教師が率先して新しい言語教育力を身に付けていきましょう。

[1] 文部科学省「外国人児童生徒のためのJSL対話型アセスメントDLA」https://www.mext.go.jp/a_menu/shotou/clarinet/003/1345413.htm

現職国語教師の回答

方言・外国語

88
方言・外国語

義務教育は、日本人の子供だけのためにありますか。

日本も締結している「児童の権利条約」に、義務教育を受ける権利が謳われています。

日本国内における教育の基本は、「日本国憲法」第26条です。

> すべて国民は、法律の定めるところにより、その能力に応じて、ひとしく教育を受ける権利を有する。
>
> 2　すべて国民は、法律の定めるところにより、その保護する子女に普通教育を受けさせる義務を負ふ。義務教育は、これを無償とする。

この憲法の下に、教育基本法があります。憲法と同じく、そこでも、教育を受ける主体である主語は「国民」となっています。このことを理由に、義務教育は日本国民に限定されたものと捉える人もいるようです。しかし、それは正しい考えではありません。

日本国は、国際的に多くの条約を締結しています。その中に、「児童の権利に関する条約（United Nations Convention on the Rights of the Child、通称**「児童の権利条約」**）」があります。同条約第28条は、次のような条文になっています[1]。

> 1.　締約国は、教育についての児童の権利を認めるものとし、この権利を漸進的にかつ機会の平等を基礎として達成するため、特に、
>
> a.　初等教育を義務的なものとし、すべての者に対して無償のものとする。
>
> b.　種々の形態の中等教育（一般教育及び職業教育を含む。）の発展を奨励し、すべての児童に対し、これらの中等教育が利用可能であり、かつ、これらを利用する機会が与えられるものとし、例えば、無償教育の導入、必要な場合における財政的援助の提供のような適

当な措置をとる。

c. すべての適当な方法により、能力に応じ、すべての者に対して高等教育を利用する機会が与えられるものとする。

すべての条文を挙げることはできませんが、初等教育（小学校）の無償化・義務教育化と、中等教育（中学校・高等学校）の無償化は、国際的に約束をした事項です。日本国籍をもたないから、小学校を退学させるということは、当然、許されませんし、就学の機会を与えられない不就学の問題《⇨ **86**》も、速やかな解決が必要です。

もちろん、「我が国の言語文化」を守りつつではありますが、今こそ、国語教育は変わるときです。未来の日本を背負う子供に対し、よりよい言語教育を受けさせられるよう、不断に、そしてともに学んでいきましょう。

[1] 外務省「児童の権利条約」https://www.mofa.go.jp/mofaj/gaiko/jido/index.html

方言・外国語

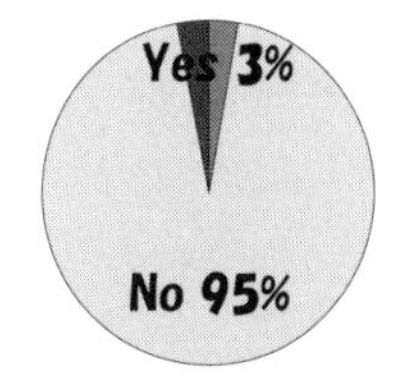

現職国語教師の回答

おわりに

息子が、小学校低学年のあるとき、「木」の２画目をはねていたために×になったと不服そうにもってきました。ああ、まだこういうことがあるのだなと思いつつ、「学校の先生に言いに行こうか」と尋ねたことがありました。そのときは「止めて」と言われましたが、それから10年、新聞紙上でもこの問題が取り上げられるようになり、もうそのような思い違いをしている先生は少ないのだろうと思いつつアンケートをしてみると、４人に１人は、いまだに「木」の２画目をはねてはいけないと考えていることがわかりました。これが本書を編んだきっかけです。

ただ、小学校の先生を責めるために本書をしたためたわけではありません。多様な教科を教える小学校の先生だからこそ広範な知識が必要で、メダカの雌雄の見分け方も、簡単な調理や裁縫の手順もわからない私には、小学校の先生の多才さには、頭が下がります。

では、どうしたらよいか。考えた上で、基本的な事項を確認する本を作成することで、基本事項を確認するお手伝いができたらと、本書を編むことを思いつきました。コンセプトは、時間的にも負担にならない分量で、１つずつ簡単に学べること。知っていることは飛ばし、思い違いをしていたことを確認してもらえる本であればよい。そのような本も必要なのだと思い、教わる子供の立場で考えました。

いつか、こんなこと常識だよねと、すべての小学校教員、そして中学校国語教師に言ってもらえる日が来ることを祈り、世に送りたいと思います。

最後になりますが、本書の計画から丸２年、諦めず相談に乗ってくださり適切なアドバイスをくださったくろしお出版坂本麻美様に感謝を申し上げます。ありがとうございました。

索　引

あ

ICT 機器　142
アイヌ語　171
アクセント　54, 56

い

異音　52
異字同訓　78
一段落一話題　139
一文一義　132
いろはうた　20
インタビュー　134
イントネーション　54
韻律特徴　54

え

円唇音　48

お

送り仮名　80
折句　21
オ列の長音　48, 82
音声的卓立　58
音素　52
音読　64

か

開音節　14, 62
概念的意味　29
回文　21
外来語　46
学習言語　180
格助詞　126
確認の「た」　120
過去　128
かぞえ歌　20
環境異音　66
換言の「のだ」　124
慣用句　44
完了　129

き

キーセンテンス　139
擬音語　94
聞き方　144
起承転結　136
魏志倭人伝　16
擬態語　94
基本語順　22, 110
疑問符　106
教科等の教育内容　26
教授法　26
共通語　172

く

句点　104
句読点　60
訓令式ローマ字　103

け

敬意逓減の法則　162
敬語　148
敬語の指針　152

敬体　150
形容詞　42
形容動詞　42
現代仮名遣い　68, 70, 72, 82

こ

語彙数　22
語彙量　116
語彙力　38
合拗音　99
国語　8
故事成語　44
語種　46
五十音図　92
これからの敬語　152

し

JSL 児　178, 180
使役受身形　112
色彩語彙　42
思考力・判断力・表現力　27
辞書・事典　40
字体についての解説　76
10 歳の壁　180
児童の権利条約　182
社会方言　176
終助詞　147
主語　108, 130
主節　132
主題　109
首里方言　170
常用漢字表　72
助数詞　32, 84
助動詞　112

す

推定　114
推量　114

せ

生活言語　180
正書法　75
接続する語句　140
説明の「のだ」　124

そ

素材敬語　148

た

対義語　30
待遇表現　149, 164
対称詞　162
濁点　90
縦書き　100

ち

地域方言　176

て

丁重語　154, 158

と

同音異義語　86
同義語　29
読点　104
閉じた類　42

に

二重母音　48
日本語　8

ね

ネオ方言　174

は

破擦音　52
発音の周波数　62
場面敬語　148
半濁点　91

ひ

非円唇音　48
美化語　156
鼻濁音　50
筆順　88
鼻母音　66
卑弥呼　16
表音文字　74
品詞分類　118

ふ

フィラー　146
副助詞　126
複数形　122
不就学　179
PREP 法　137
プロミネンス　58
文化審議会　152

へ

閉音節　14, 62
ヘボン式ローマ字　103

ほ

方言　168, 172
ポライトネス理論　166

ま

摩擦音　52
交ぜ書き　75
マニュアル敬語　160
万葉仮名　17

や

役割語　174

よ

拗音　98
幼児語　36

る

類義語　29

れ

連語（コロケーション）　34

ろ

ローマ字のつづり方　102

わ

若者言葉　18

山田敏弘（やまだ・としひろ）

岐阜大学教育学部国語教育講座教授。博士（文学・大阪大学）。国際交流基金派遣日本語教育専門家、富山国際大学講師、岐阜大学助教授を経て、2013年より現職。専門は、日本語学、岐阜方言研究。主著に、『日本語のベネファクティブ―「てやる」「てくれる」「てもらう」の文法―』（2004、明治書院）、『国語教師が知っておきたい日本語文法』（2004、くろしお出版）、『国語教師が知っておきたい日本語音声・音声言語』（2007、くろしお出版）、『国語を教える文法の底力』（2009、くろしお出版）、『日本語のしくみ』（2009、白水社）、『その一言が余計です。―日本語の「正しさ」を問う―』（2013、筑摩書房）、『あの歌詞は、なぜ心に残るのか―Jポップの日本語力―』（2014、祥伝社）、『日本語文法練習帳』（2015、くろしお出版）など多数。

国語を教えるときに役立つ基礎知識88

発　行　2020年12月9日　初版第1刷発行

著　者　山田敏弘

発行人　岡野秀夫

発行所　株式会社くろしお出版

〒102-0084　東京都千代田区二番町4-3

TEL: 03-6261-2867　FAX: 03-6261-2879

URL: http://www.9640.jp　e-mail: kurosio@9640.jp

イラスト　鈴木祐里

装　丁　折原カズヒロ

印刷所　株式会社三秀舎

ISBN 978-4-87424-848-5　C1081